Controle su ira
antes de que ella
le controle a usted

Autoayuda

Últimos títulos publicados

O. de Ladoucette, *Mantenerse joven no es cuestión de edad. Consejos, ejercicios y actitudes para vivir con plenitud a partir de los 40*

M. Bosqued, *¡Sé feliz! Ejercicios psicológicos para alcanzar la plenitud y el bienestar emocional*

E. J. Langer, *Mindfulness. La atención plena*

M. Neenan y W. Dryden, Coaching *para vivir. Aprende a organizarte y a ser más asertivo*

D. J. Siegel, *Mindsight. La nueva ciencia de la transformación personal*

B. R. Komisaruk, B. Whipple, S. Nasserzadeh y C. Beyer-Flores, *Orgasmo. Todo lo que siempre quiso saber y nunca se atrevió a preguntar*

D. Luengo, *50 preguntas y respuestas para combatir la ansiedad*

D. O'Brien, *Consigue una memoria prodigiosa. Consejos y técnicas que cambiarán tu vida*

D. D. Burns, *El manual de ejercicios para sentirse bien*

C. André (ed.), *Los secretos de los psicólogos. Lo que hay que saber para estar bien*

D. Greenberger y C. A. Padesky, *El control de tu estado de ánimo. Manual de tratamiento de terapia cognitiva para usuarios*

L. Glass, *Hombres tóxicos. Diez maneras de identificar, tratar y recuperarse de los hombres que nos hacen la vida imposible*

J. James, *El arte de confiar en ti mismo. Trucos y técnicas que te ayudarán a liberar todo tu potencial*

J. E. Young y J. S. Klosko, *Reinventa tu vida. Cómo superar las actitudes negativas y sentirse bien de nuevo*

F. Gázquez Rodríguez, *Mindfulness. El despertar a la vida. Cinco pasos para vivir el presente*

T. Baró, *La gran guía del lenguaje no verbal. Cómo aplicarlo en nuestras relaciones para lograr el éxito y la felicidad*

J. Bustamante Bellmunt, *¿En qué piensan los hombres? Todo lo que has de saber sobre el deseo y la sexualidad masculinos*

D. O'Brien, *Cómo aprobar los exámenes*

G. G. Jampolsky y D. V. Cirincione, *Amar es la respuesta. Cómo establecer relaciones positivas*

A. Ellis, *Cómo controlar la ansiedad antes de que le controle a usted*

J. Gottman y N. Silver, *¿Qué hace que el amor perdure? Cómo crear confianza y evitarla traición en la pareja*

M. Williams y D. Penman, *Mindfulness. Guía práctica para encontrar la paz en un mundo frenético*

R. Amills, *¡Me gusta el sexo! Las claves para la felicidad sexual*

A. Rosa, *Hablar bien en público es posible, si sabes cómo. Impacta, enamora y marca la diferencia con tu oratoria.*

T. Baró, *Guía ilustrada de los insultos. Gestos ofensivos de varias culturas*

A. Ellis y R. C. Tafrate, *Controle su ira antes de que ella le controle a usted. Cómo dominar las emociones destructivas*

Albert Ellis
Raymond Chip Tafrate

Controle su ira antes de que ella le controle a usted

Cómo dominar las emociones destructivas

Traducción de Bernardo Moreno

PAIDÓS

Barcelona
Buenos Aires
México

Título original: *How to Control Your Anger Before It Controls You*, de Albert Ellis
y Raymond Chip Tafrate
Publicado en inglés por Carol Publishing Group, Secaucus, Nueva Jersey, Estados Unidos

Traducción de Bernardo Moreno

Cubierta de Mª José del Rey

1ª edición, 1999
1ª edición en esta presentación, octubre 2013
2ª impresión, febrero 2016

ISBN: 978-84-493-2952-4
Depósito legal: B. 19.795-2013

Impreso en Book Print

El papel utilizado para la impresión de este libro es cien por cien libre de cloro
y está calificado como papel ecológico

Impreso en España – *Printed in Spain*

Para Janet y Lauren, con cariño

Lo que perturba nuestra mente no son los acontecimientos, sino la manera como los enjuiciamos.

Epicteto, siglo I d. C.

Sumario

Prólogo

¿Podemos enfrentarnos a la ira sin ira?

No hace falta buscar mucho para encontrar ejemplos del poder destructivo de la ira en la vida humana. Basta con encender el televisor o leer el periódico para darnos cuenta de la constante presencia de la ira en toda suerte de atrocidades, grandes y pequeñas. La ira puede tener efectos igualmente desastrosos en nuestra propia vida. Si no le ponemos coto, puede destruir algunas de nuestras relaciones más íntimas e ir minando poco a poco nuestra salud, física y psíquica.

Una de las grandes paradojas de la psicoterapia es que, siendo la ira una de las emociones más destructivas, la gente suele estar bastante confundida al respecto y la escoge raras veces como tema de investigación.

Aunque existen numerosos libros y revistas que tratan de cómo dominar la ira, ninguno de los consejos que brindan parece lograr su objetivo. ¡Y en cuántas contradicciones incurren, además! A veces se nos aconseja que, cuando alguien nos trate mal, adoptemos una actitud pasiva, de no resistencia. Pero la resignación a menudo conduce a la perpetuación de la injusticia, o, lo que es peor, puede incluso acrecentarla.

Otras veces se nos invita, en cambio, a expresar libre y enteramente nuestros sentimientos de ira, a desfogarlos sin ninguna inhibición, a darles rienda suelta, a no traicionar nuestro yo colérico. Así meteremos mejor en cintura a nuestros adversarios...

Tal vez. Pero, así como el amor engendra amor, la cólera engendra represalias. Hagamos la prueba, si no, y no tardaremos en verlo.

¿Qué hacer, entonces, visto que ambos enfoques producen unos resultados poco convincentes? ¿Debemos tragarnos nuestra rabia mansamente o expresarla sin contemplaciones? Ésa es la cuestión.

¿Solución? Epicteto, un filósofo estoico particularmente sabio, señaló hace unos dos mil años que solemos sobrerreaccionar ante la conducta odiosa e injusta de los demás. Éste es un proceder nada recomendable. Es más sensato reaccionar de otra manera completamente distinta. Ésta es una de las principales enseñanzas de la Terapia Racional Emotivo-Conductual (TREC), que deriva de la antigua sabiduría de numerosos filósofos asiáticos y europeos, combinándola con algunos de los métodos más modernos de psicoterapia. Según la TREC, si conseguimos cambiar nuestos pensamientos, sentimientos y comportamientos de ira, estaremos en condiciones de minimizar nuestra cólera y tener una vida más feliz y más eficiente.

¿Podemos hacer esto solos? Ciertamente, podemos hacer cosas importantes en cuanto a convivir con y enfrentarnos a la ira. Está comprobado que, con un poco de esfuerzo, podemos aprender a superar los estallidos de ira y a dejar de despotricar. Los autores de este libro hemos dedicado gran parte de nuestra carrera a tratar de comprender y ayudar a las personas que padecen problemas de ira. Así pues, compartiremos aquí con nuestros lectores algunos de los métodos que nos han parecido más eficaces en el tratamiento de este problema.

Desde la primera publicación de este libro, hace ya más de dos décadas, yo (A. E.) no he dejado de recibir muestras de agradecimiento de parte de muchas personas que han aplicado con éxito los principios de la TREC a sus problemas de ira. Aunque en la presente edición hay muchos capítulos nuevos y partes corregidas que reflejan algunos de los interesantes avances habidos en la investigación de la ira, la mayor parte de los principios básicos expuestos en la primera edición siguen siendo válidos todavía, más de dos décadas después. Así pues, en esta nueva edición revisada y actualizada, mi colaborador, el doctor Raymond Chip Tafrate, y yo vamos a intentar explicar una vez más cómo creamos los seres humanos nuestra propia filosofía de la ira recurriendo, de manera consciente e inconsciente, al pensamiento absolutista y dictatorial. Asimismo, trataremos de mostrar cómo, si logramos cambiar nuestros pensamientos, sentimientos y comportamientos dictados por la ira, estaremos en condiciones óptimas para minimizarla y nuestra vida será más feliz y más eficaz.

1

Los funestos costes de la ira

Probablemente estemos leyendo este libro porque o bien nosotros o bien alguien a quien apreciamos especialmente tiene un problema de ira. Pero, antes de mostrarle a usted o a sus seres queridos cómo se puede reducir este sentimiento, echemos un somero vistazo a algunos de sus costes más funestos.

¿Por qué nos esforzamos por desterrar de nuestra vida la rabia, un sentimiento sincero que brota espontáneamente del corazón? Naturalmente, no hay ninguna ley del universo que nos obligue a hacerlo. Pero hay algunas razones importantes que pueden decidirnos a ello.

La ira destruye las relaciones personales

Uno de los costes más corrientes de la ira, probablemente el más elevado de todos, es el daño que causa a nuestras relaciones personales. Curiosamente, las relaciones que quedan dañadas suelen ser las mejores que tenemos. Muchas personas creen que la ira la dirigimos principalmente hacia la gente que nos cae mal. ¡Nada más falso! Varios estudios recientes, entre los que destaca uno de la Universidad de Hofstra (Kassinove y otros) y otro de la Universidad de Massachusetts (Averill), confirman que esto no es cierto. La mayor parte de las veces nos enfadamos con las personas que mejor conocemos. Entre los blancos más frecuentes de la ira figuran los cónyuges, los hijos, los compañeros de trabajo y los amigos. Los siguientes ejemplos ilustran esta afirmación.

Jeff rondaba los sesenta cuando acudió al terapeuta para intentar controlar su temperamento explosivo. Estaba divorciado, y tenía dos hijos. Dijo que su mujer, harta de sus estallidos de ira y de su conducta autoritaria, se había divorciado de él hacía ya varios años. Aunque aún mantenía contacto con sus hijos, su relación con ellos solía ser tensa. En cierta ocasión, mientras visitaba a su hija, se enzarzó en una discusión con su yerno. Jeff se acaloró tanto que llegó a golpearlo. Desde entonces, sus dos hijos se habían negado también a dirigirle la palabra. Volviendo la vista atrás, Jeff se daba cuenta con tristeza de que a causa de su ira había dejado de relacionarse con la mayor parte de sus familiares.

Nancy tenía veintiséis años cuando acudió en busca de ayuda terapéutica. Llevaba viviendo aproximadamente dos años con su amigo Fred. Habían pensado en casarse, pero los arrebatos de ira de Nancy estaban destruyendo la relación. Ésta reconocía sentirse celosa y no soportar que él trabajara en estrecha colaboración con otras mujeres, y se quejaba de que a ella no le prestaba demasiada atención. Sin tener pruebas de que Fred estuviera implicado románticamente con cualquiera de sus compañeras de trabajo, buscaba constantemente sorprenderlo en alguna falta. Periódicamente lo acusaba de toda suerte de horrores y a veces chillaba y lanzaba al suelo objetos de la casa. Finalmente Fred se hartó de sus escenas de furia, rompió con ella y se fue a vivir a otra parte.

Aunque estos dos casos puedan parecer algo extremados, en realidad no son nada inhabituales. Las personas como Jeff suelen echar la culpa a los demás cuando sus relaciones se vuelven tensas, se niegan a transigir o limar asperezas cuando surgen desavenencias, no cargan con la responsabilidad de su ira ni se dan realmente cuenta de los funestos costes de ésta hasta que no empieza a resquebrajarse alguna de sus mejores relaciones. En muchos casos, no se dan cuenta de que por sus sentimientos y arrebatos coléricos están perdiendo amigos y dejan de influir en la gente hasta que ya es demasiado tarde.

El de Nancy es un caso algo distinto. La pérdida de una sola amistad importante fue suficiente para que viera claramente que tenía que hacer algo para controlar su ira. Al principio, sin embargo, echó incluso la culpa de su rabia a su ex novio. Su razonamiento era sencillamente que, como se sentía tan agraviada y airada, Fred debía de tener la culpa. No hizo progresos en la terapia hasta que no aceptó la responsabilidad por su falta de control emocional.

Pensemos ahora en nuestra propia vida. ¿Ha destruido nuestra ira algu.. relación importante? ¿Tendemos a hacer a los demás responsables de la manera como nos sentimos? Si seguimos en este plan, ¿dónde nos encontraremos de aquí a unos años? Liberarnos de nuestra ira y ser más transigentes y flexibles con nuestras amistades nos reportará, con toda seguridad, grandes ventajas a largo —y también a corto— plazo.

La ira afecta negativamente a nuestras relaciones laborales

No nos engañemos: el trabajo es a menudo muy frustrante. Jefes demasiado exigentes, colegas envidiosos, clientes airados, plazos inflexibles, injusticias de todo tipo... motivos de sobra para poner a prueba nuestra paciencia. Pero enfurecernos a causa de las frustraciones puede frustrarnos más aún. En primer lugar, puede perjudicar seriamente las relaciones laborales y entorpecer nuestro éxito profesional. En segundo lugar, puede bloquearnos a la hora de abordar cuestiones importantes y limitar nuestra capacidad para realizar un trabajo de calidad.

Llevarnos bien con los demás es importante para tener éxito en el trabajo, tanto incluso como nuestra capacidad para hacer ese mismo trabajo. A nuestros colegas y superiores les molesta trabajar con nosotros si mostramos frecuentes estallidos temperamentales. Nos verán como a un cliente difícil y estarán deseando perdernos de vista cuanto antes. Según un estudio realizado por el Centro para el Liderazgo Creativo (Center for Creative Leadership) de Carolina del Norte, la incapacidad para domeñar la ira entre los ejecutivos, especialmente en situaciones de presión, figuraba como una de las principales causas de los ascensos laborales frustrados, de los despidos y de las «invitaciones» a pedir la jubilación anticipada.

Y no sólo entre ejecutivos. La hostilidad puede hacer su nefasta aparición en todos los niveles del escalafón laboral. Veamos un par de ejemplos bastante distintos:

Jerry, obrero de la construcción, acudió a la terapia porque tenía miedo de que sus arrebatos de ira pudieran acarrearle la pérdida del puesto de trabajo. Aunque era físicamente capaz de realizar su trabajo, Jerry era bajito. Su compañeros se metían con él a menudo por su escasa estatura. Como respuesta a estos insultos, Jerry se dejaba llevar de la cólera, lo que a su vez hacía aumentar las burlas. En un determinado momento, Jerry se enfadó tanto que amenazó con zurrar a otro empleado. Lo alejaron temporalmente de su empleo y le avisaron de que, si volvía a perder otra vez los estribos, lo despedirían definitivamente.

Por fortuna, Jerry utilizó los métodos de la TREC para reducir sus sentimientos de ira, gracias a lo cual después se sintió más capaz de enfrentarse eficazmente a las burlas de la gente. Veamos otro caso:

Howard era el propietario de una pequeña empresa de contabilidad. Su negocio sólo lo formaban él y su auxiliar administrativo. Howard estaba deprimido porque el negocio no iba bien; especialmente porque, sólo en el año anterior, había cambiado cinco veces de ayudante. El trabajo importante no se hacía porque él tenía que formar constantemente a un asistente nuevo. Howard sobrerreaccionaba fuertemente a cualquier tipo de frustración, gritando, aporreando los muebles y hasta rompiendo el teléfono en más de una ocasión. Creía, infundadamente, que le asistía el derecho a enfadarse porque el negocio era suyo y pagaba el sueldo de su asistente. Unas cuantas sesiones de TREC le ayudaron a darse cuenta de que sus accesos de ira espantaban a la gente y le estaban saliendo muy caros.

En estos dos casos, vemos cómo unas importantes relaciones laborales se están yendo a pique a causa de sentimientos y arrebatos de ira. Jerry necesitaba el apoyo de sus colegas y superiores para conservar su trabajo y poder promocionarse. Por su parte, Howard creía, erróneamente, que dado que él era el jefe, todo el mundo tenía que aceptar sus rabietas.

Saber controlar nuestras emociones en el trabajo, a pesar de las inevitables frustraciones, es a menudo crucial para la buena marcha de nuestra vida profesional. En cambio, aunque dar rienda suelta a nuestra ira nos parezca a menudo una cosa estupenda, suele ser harto perjudicial para nuestro negocio o para las relaciones con nuestros compañeros de profesión.

La ira hace también que desviemos nuestra energía y atención del trabajo. ¿Cómo? Obsesionándonos con alguna situación «injusta» (dándole mil vueltas en la cabeza) o con la idea de vengarnos de un compañero de trabajo o superior; o también induciéndonos a realizar algún tipo de sabotaje sutil, a negarnos a seguir directrices sensatas, a dejar que cosas importantes se vengan abajo o incluso a hacer un esfuerzo descomunal con tal de destruir el trabajo de otra persona.

No pensemos que obsesionarnos con la «injusticia» de alguna persona, o vengarnos de ella, nos ayudará a resolver constructivamente los conflictos o a hacer un trabajo de calidad. Ni mucho menos. Con el tiempo, nuestra ira no logrará pasar inadvertida a quienes nos rodean. Observemos el caso de Jane:

Jane acudió a la consulta porque no hacía más que darle vueltas al hecho de que no la hubieran ascendido. Llevaba más de cinco años en la empresa y esperaba que la ascendieran a un puesto administrativo. Como esto no había ocurrido, se sentía agraviada y exasperada. Cuanto más lo pensaba, más rabia le daba. Si bien Jane ocultaba su ira al jefe, su entusiasmo por el trabajo declinó, su rendimiento se resintió y no logró llevar a término ninguno de los proyectos que tenía entre manos. Un mes después, su jefe la llamó a su despacho para expresarle su preocupación y hacerle saber que el hecho de no haber obtenido el ascenso tenía más que ver con problemas de presupuesto que con su rendimiento laboral. Le aseguró que sería la siguiente en ser ascendida; aunque, si no recuperaba su productividad habitual, la empresa se vería obligada a ascender a otra persona en su lugar.

Jane había pasado tanto tiempo y gastado tantas energías enrabietada contra su jefe que no se le ocurrió que pudiera haber otras razones por las que no la ascendían, de manera que actuó de una manera muy poco adecuada para sus posibilidades de ascenso. Resultado: estuvo a punto de dar al traste con sus posibilidades de ascenso profesional.

Por supuesto, a veces podemos toparnos con situaciones laborales que son a todas luces injustas y nada gratificantes. Pero al reaccionar airadamente o «salir huyendo» impulsivamente alentamos a la gente a suponer que no sabemos domeñar la frustración y que nos enfadamos en cuanto las cosas se ponen feas. Una alternativa mucho mejor es controlar nuestra ira y hacer lo posible por mejorar la situación. Si esto no funciona, podemos decidir que nos vamos tranquilamente con la música a otra parte en busca de un entorno laboral más fructífero.

Empeoramos la situación

A pesar de lo que acabamos de decir, ¿no tiene la ira ninguna ventaja? ¿No nos ayuda a veces una actitud airada a enfrentarnos a situaciones difíciles? ¿No nos ayuda a sentirnos fuertes y a no perder el control cuando nos acecha la adversidad? ¿No es bueno expresar nuestra rabia para imponernos y hacer valer nuestros argumentos? Interesantes preguntas. La investigación psicológica no se ha inclinado aún de manera concluyente sobre si la ira hace que aumente o disminuya nuestra capacidad para afrontar situaciones difíciles. En realidad, son pocos los investigadores que se han molestado en estudiar esta cuestión concreta. Con todo, son muchas las personas, incluidos algunos terapeutas y escritores famosos, que afirman que debemos mostrar nuestro enfado cuando nos hallemos frente a una situación injusta.

Encontramos una perspectiva algo diferente en algunos filósofos asiáticos, griegos y romanos de hace más de dos mil años. En uno de los primeros ensayos sobre la ira, el filósofo estoico Séneca la describe como «la más fea y frenética de las emociones». Para los estoicos, la ira puede nublar la capacidad de las personas para razonar de manera eficiente.

Entre los numerosos clientes con problemas de ira que hemos atendido, hay un alto porcentaje de personas inteligentes con una especial habilidad para resolver conflictos y dificultades... cuando no están enfadadas, claro. Una vez que se han serenado, suelen reconocer que existen otras maneras mejores para enfrentarse a tales conflictos.

Tratemos de recordar la última vez que nos dejamos llevar por la ira: ¿qué fue lo que absorbió nuestra atención y cómo actuamos? ¿Fuimos capaces de buscar sensatamente buenas soluciones de orden práctico? ¿Fuimos capaces de ver todas nuestras opciones? ¿Tomamos las mejores decisiones? ¿Lamentamos alguna cosa que dijimos o hicimos? Si somos como la mayoría de las personas, reconoceremos que es difícil pensar y conducirse cabalmente cuando se pierden los estribos.

Observemos también cómo actúan otras personas cuando se enfurecen; por ejemplo, nuestros parientes, amigos o compañeros de trabajo. O, simplemente, fijémonos en la pantalla de nuestro televisor. Los programas de noticias y los coloquios están llenos de ejemplos en este sentido. En el transcurso de un coloquio tenso, ¿qué eficacia tienen las personas que pierden la calma? ¿Ayuda la ira a los participantes a exponer sus argumentos de manera lógica y razonable?

Pero podemos preguntarnos también: ¿y las situaciones en las que se lucha contra alguna forma de injusticia o sinrazón, o en pro de reformas sociales básicas, como, por ejemplo, el respeto de los derechos humanos? ¿No es cierto que la ira es adecuada y eficaz en tales situaciones?

Aunque la ira pueda servir en algunas situaciones, raras veces contribuye a producir un cambio razonable. Líderes respetados como Martin Luther King, Jr., el mahatma Gandhi y otros parecidos defendieron su causa con todas sus fuerzas, pero también fueron sumamente disciplinados y mantuvieron la cabeza fría. Su actitud dio fruto porque apelaron básicamente a la razón y no a la ira.

¿Quién de nosotros no se ha peleado alguna vez? La vida es difícil y está llena de desafíos. Pero aunque la ira es una emoción humana natural, esto no justifica en absoluto que sea la más útil para resolver los problemas. Reflexionemos un poco, y digamos sinceramente si la rabia nos ayuda o perjudica.

La ira fomenta las agresiones

Otra razón para mantener la ira bajo control es porque puede conducir fácilmente a la agresividad. ¿Quién no ha sido testigo de la violencia en su propia vida? ¿O en la pantalla, grande y pequeña? ¿No es la norteamericana una de las culturas más violentas del mundo industrializado?

Según unas estadísticas recientes facilitadas por la Oficina Federal de Investigación (FBI), en Estados Unidos se produce un delito violento cada diecisiete segundos (Departamento de Justicia de EE. UU.). Los actos de fuerza bruta son especialmente corrientes entre nuestra juventud. El homicidio es actualmente la segunda causa principal de muerte de los jóvenes entre quince y veinticuatro años, lo que convierte la violencia interpersonal en uno de los problemas más importantes para la sanidad pública (Oficina de Empadronamiento de EE.UU.).

Lo mismo ocurre con la violencia familiar. Se estima que, en Estados Unidos, alrededor de un millón y medio de mujeres son maltratadas cada año por sus maridos, y que alrededor de un 40% de las mujeres asesinadas en este país mueren asimismo a manos de sus maridos. Esto no quiere decir que las mujeres estén exentas de protagonizar acciones violentas. Según una investigación reciente, hay actualmente más agresiones de mujeres a hombres que al revés; aunque hay que andar con cautela con estas comparaciones, pues cuando los hombres atacan a las mujeres, las consecuencias suelen ser mucho más graves (Straus y Gelles).

La violencia en la familia se ceba también de manera especial en los niños pequeños. Según un informe gubernamental, aproximadamente 140.000 niños estadounidenses padecen cada año graves lesiones a consecuencia de los malos tratos. Al menos 2.000 niños al año —más de 5 al día— mueren a manos de sus padres o cuidadores (Consejo Asesor de EE.UU. sobre Malos Tratos y Negligencia para con los Niños).

La ira no conduce automáticamente a la agresión, pero sí muy a menudo. He aquí lo que dice un investigador de la ira: «La ira puede compararse al proyecto de un arquitecto. La disponibilidad de

22

un proyecto no hace que el edificio se construya, pero facilita su construcción».

El coste de la ira como generadora de agresividad aparece ilustrado en estos dos ejemplos:

Rich, casado y con treinta y siete años de edad, acudió a la consulta después de que fuera detenido por lesiones personales. Su mujer llevaba tiempo quejándose de su conducta agresiva al volante. En cierta ocasión en que otro conductor se interpuso delante de él en un semáforo, provocando casi un accidente, su esposa le sugirió que buscara ayuda. Rich se enfureció tanto que siguió al conductor hasta el semáforo siguiente. Se bajó del coche y se enzarzó en una discusión con él. Le propinó un puñetazo en plena cara y luego abandonó el lugar. La policía lo citó más tarde después de que un testigo le facilitara su número de matrícula. Cuando Rich acudió a la terapia, reveló que se enfurecía y abroncaba a otros conductores al menos una vez al mes. Su conducta había conducido a otras peleas, aunque aquella había sido la primera vez que lo habían detenido.

Shirley tenía treinta y pocos años cuando buscó ayuda porque gritaba constantemente a sus tres hijos pequeños. Dijo que éstos la volvían loca constantemente, que su marido no la ayudaba y que no tenía ni un minuto libre para sí misma. Sus pataletas iban de mal en peor, hasta el punto de que había empezado a romper algunos objetos de la casa. Le preocupaba poder estar dañando a sus hijos psicológicamente, y que un día perdiera el control e incluso les produjera alguna lesión.

Al igual que Rich y Shirley, son muchas las personas que buscan ayuda terapeútica contra la ira a causa de la violencia que suele acompañarla. Entre otros costes asociados con las agresiones, destacan la pérdida de amistades, la pérdida del puesto de trabajo, lesiones, daños a la propiedad, pleitos, penas de prisión y sentimiento de culpabilidad y vergüenza.

Tratemos de recordar la última vez que fuimos agresivos. Pensemos en las veces que hemos estado a punto de destruir un objeto, que hemos gritado, berreado, avasallado, abofeteado o propinado un puñetazo a alguien. ¿Fùe la ira la que nos empujó a ello? Las expresiones de violencia, por raras que sean, nos pueden salir muy caras. Así que, si nos enfurecemos con frecuencia, ¡mucha atención!

La ira puede provocar trastornos cardíacos

Tal vez estemos pensando: «Yo estoy muy bien del corazón, y esta sección no me incluye». ¡Pues no estemos tan seguros! Más de treinta años de investigación han mostrado que la ira suele ir acompañada del desarrollo de trastornos cardiovasculares. Una de las causas de muerte más corrientes entre los norteamericanos es precisamente el paro cardíaco. Aunque nuestra ira no nos haya producido aún graves problemas de salud, sus efectos nocivos podrían estar incubándose en este mismo momento.

Para comprender cómo puede dañar la ira nuestro cuerpo, revisemos su utilidad y función. Muchos investigadores la consideran como un sistema emocional que nos mantiene preparados contra una amenaza potencial y nos ayuda a movilizar nuestros recursos para hacer frente a los conflictos. A principios de siglo, el fisiólogo Walter Cannon estudió este tipo de respuesta de emergencia, que acuñó con el nombre de «reacción de lucha o huida». Lo de «huir» se refiere a la ansiedad que sentimos ante una situación peligrosa, mientras que lo de «luchar» tiene que ver más bien con la ira y con la necesidad de defendernos contra las amenazas exteriores.

¿Qué ocurre en nuestro cuerpo cuando nos enfadamos y se pone en marcha nuestra reacción de emergencia? Ciertos cambios físicos, como, por ejemplo, los incrementos en la tensión muscular, el ritmo cardíaco y respiratorio y el metabolismo, nos ayudan a mantener el cuerpo listo para la acción. También la adrenalina afluye a nuestro flujo sanguíneo, y la sangre llega hasta los músculos más importantes de nuestro cuerpo. No es extraño que muchas personas hablen de la necesidad que sienten de golpear lo que consideran el blanco de su ira. Sus cuerpos están preparados para hacer exactamente eso.

Así pues, la ira nos puede ayudar a enfrentarnos a cualquier cosa que amenace nuestra vida o a cualquier otro tipo de emergencias. Pero no tiene mucho sentido cuando estamos reaccionando ante alguna de las frustraciones habituales de la vida cotidiana; en efecto, seguir activando nuestro sistema generador de ira podría tener un coste muy elevado para nuestro cuerpo.

Robert Sapolsky, profesor de biología y neurociencia de la Universidad de Stanford, afirma que, cuando provocamos repetidas veces los cambios físicos que siguen a la ira, podemos dañar nuestros sistemas cardiovasculares. Los aumentos repentinos de la presión sanguínea que acompañan a nuestra ira incrementan la fuerza con la que fluye la sangre por nuestras arterias. Estos aumentos de flujo sanguíneo suelen debilitar y dañar el fino revestimiento de las arterias, y producir cicatrices o agujeros. Una vez que se ha dañado esta capa de tejidos, los ácidos grasos, la glucosa y otros elementos de la sangre empiezan a pegarse a las paredes dañadas de estos vasos. Con el tiempo, la acumulación de estos materiales puede originar la obstrucción de las arterias, con el resultado de una disminución general del flujo sanguíneo. Esta patología se llama arteriosclerosis. Si esta acumulación de elementos, conocidos también como plaquetas, se produce en las arterias que van al corazón, podemos ser candidatos a padecer enfermedades coronarias, isquemia de miocardio o algún otro grave trastorno cardíaco.

Desde principios de los sesenta no han dejado de publicarse estudios importantes en los que se demuestra la existencia de una relación directa entre la ira y los trastornos cardíacos. No es nuestro propósito ofrecer aquí un resumen detallado de estas investigaciones. En líneas generales, se puede decir que la mayor parte de estos estudios tienden a dividirse en dos categorías. En la primera, conocida como investigación transversal, a varios grupos de pacientes con trastornos cardíacos se les pide que digan con qué frecuencia e intensidad experimentan la ira en su vida cotidiana. Sus respuestas se comparan luego con un grupo homogéneo de personas, llamado grupo de control, que no sufren trastornos cardíacos. En la gran mayoría de estos estudios, las personas que padecen trastornos coronarios reconocen tener niveles de ira mucho más elevados que las personas que no los tienen, de donde se deduce que las personas que registran niveles de ira más elevados son más propensas a tener problemas con el corazón.

Existe otro estudio que abunda asimismo en la relación causa-efecto entre la ira y las enfermedades del corazón: a un amplio grupo de personas, básicamente sanas, se les formulan varias preguntas sobre los niveles de ira que experimentan en sus vidas. Se las sigue luego durante un largo período de tiempo, hasta veinte o más años en algunos casos, al final del cual se vuelven a examinar sus funciones cardíacas. Se revisan entonces los niveles de la ira y agresividad originales y se cotejan con el cuadro clínico de cada individuo. En la mayoría de estos estudios, un elevado grado de ira y agresividad conlleva el ulterior desarrollo de la arteriosclerosis.

En otra de estas investigaciones, 255 estudiantes de medicina rellenaron un cuestionario sobre su personalidad. En los veinticinco años siguientes se descubrió que los que puntuaban alto en agresividad tenían de cuatro a cinco veces más enfermedades cardíacas coronarias que los que registraban una puntuación más baja. En una investigación similar llevada a cabo con un grupo de abogados, casi uno de cada cinco con puntuación alta en agresividad había muerto a los cincuenta años de edad, mientras que, entre los abogados que puntuaban en la franja más baja, sólo había muerto uno de cada veinticinco.

Así pues, hagámonos estas preguntas pertinentes: ¿durante cuánto tiempo hemos estado bastante airados? ¿Somos propensos a la hipertensión o incluso a ataques del corazón? Si sufrimos crónicamente ataques de ira, podemos estar aumentando nuestro riesgo de padecer una enfermedad grave pasados unos años. La siguiente vez que nos sintamos airados, tratemos de darnos cuenta de algunas de las sensaciones y cambios físicos que se producen en nuestro cuerpo. Recordemos que las reacciones físicas que acompañan a nuestra ira crónica pueden originar lesiones, enfermedades y, tal vez también, una muerte prematura.

La ira y los problemas personales

Muchos de los costes de la ira saltan a la vista. Otros, sin embargo, pueden ser menos obvios. Entre éstos destacan los problemas emocionales y personales, como, por ejemplo, la depresión y los sentimientos de culpabilidad, bochorno e inseguridad. ¿Sentimos alguna de estas cosas junto con nuestra baja tolerancia de la frustración y con la ira?

Como hemos dicho anteriormente, la ira intensa y frecuente puede ser la causa de que perdamos nuestro puesto de trabajo y también importantes relaciones humanas. Cuando nuestra ira origina tales pérdidas, es fácil que veamos la vida de color negro y que suframos una depresión. La ira y la depresión nos pueden afligir a veces simultáneamente. Así, podemos echar la culpa a otras personas o circunstancias y enfadarnos, o autoflagelarnos y caer en la depresión. Esto le ocurrió a Stacy:

> Stacy rondaba los cuarenta y tenía tres hijos pequeños. Cuando acudió a la consulta, manifestó sentirse triste y sola y se quejó de que nadie de su entorno le prestaba la menor ayuda. Decía que no le gustaba nada ser ama de casa. De hecho, estaba bastante cabreada por no haber podido realizar algunos de sus sueños. Su marido tenía siempre mucho trabajo y no parecía particularmente interesado en pasar el tiempo con ella. Los padres de Stacy, que vivían cerca, preferían la compañía de su otra hija y de su familia. Para colmo, Stacy tenía pocos amigos.

El caso de Stacy es interesante porque es posible que su problema de fondo esté relacionado más con la ira que con la depresión. Su actitud deprimida y agresiva hacía que su compañía resultara desagradable a los demás. A veces echaba la culpa de sus problemas a otras personas, como a su marido, sus hijos y su familia. También se sentía extremadamente iracunda. Stacy deseaba en realidad verse rodeada de gente; pero su ira espantaba a los demás.

En otras ocasiones, Stacy se reprochaba a sí misma su soledad y se imaginaba un futuro sin amistades y con sus ambiciones frustradas. Luego caía en la tristeza y la depresión. Oscilaba, así, entre la ira y la depresión. Ninguno de estos sentimientos perturbados la ayudaban a lograr el tipo de vida que quería. En realidad, su rabia la llevaba a perder cada vez más amigos y a sentirse más sola y deprimida.

Si nos sentimos deprimidos a causa de nuestra ira, podemos romper esta relación causal esforzándonos por liberarnos de ella y por cambiar las cosas de nuestra vida que no funcionan.

Al igual que ocurre con la depresión, los sentimientos de culpabilidad y turbación también pueden ser producto de nuestras frecuentes rabietas. Así, podemos sentirnos tan turbados por algo que hemos dicho o hecho estando enfadados que nos menospreciamos a nosotros mismos y tratamos de evitar a las personas con las que estamos irritados. He aquí lo que le ocurrió a Bob:

Bob tenía a sus espaldas un largo historial de problemas a consecuencia de su mal genio. En cierta ocasión se peleó con el gerente de un supermercado por el precio de algunos artículos. Como Bob era bastante mayor, creía que el gerente debía mostrarle mayor respeto. Al no ser así, se enfureció, y le insultó y amenazó repetidas veces, hasta que finalmente llamaron a la policía. Bob se enfureció más aún y tuvo que ser reducido por la fuerza y abandonar el lugar esposado. Aunque luego retiraron los cargos, Bob dejó de frecuentar el supermercado, y también a las personas que estaban al corriente del incidente, pues se sentía muy avergonzado de lo ocurrido.

Si bien el de Bob es un caso extremo, la culpabilidad y la vergüenza por nuestra propia furia nos pueden conducir fácilmente a aislarnos de los demás. Lo cual contribuirá a su vez al deterioro de nuestras relaciones personales y a nuestro bloqueo psíquico general.

La rabia también nos puede hacer sentir que hemos perdido el control de la situación. Cuando el corazón empieza a latirnos con fuerza, la cara a acalorarse, los pensamientos a arremolinarse, la presión sanguínea a dispararse y la adrenalina a inundar nuestro cuerpo, hay pocas probabilidades de que actuemos con la necesaria ecuanimidad. La rabia nos puede obligar a mantenernos en una tensión constante para controlar todas nuestras acciones. La furia puede resultar bastante incómoda y ser un recordatorio permanente de que no nos relacionamos debidamente con el mundo circundante.

Mike tenía veintinueve años cuando acudió en busca de ayuda para combatir la ira. Se consideraba a sí mismo como un «reaccionhólico» y contó muchos incidentes en los que había perdido los estribos y actuado de manera agresiva. Después de acabar el bachillerato, no había hecho más que perder amistades importantes; asimismo, lo habían detenido por agresiones y despedido de varios puestos de trabajo por sus estallidos de ira. Cuando acudió a una consulta TREC, llevaba tres años casado, y hacía poco que su mujer había dado a luz un niño. Este nacimiento lo había espoleado a buscar ayuda. Quería controlar sus emociones como fuera: «No quiero dejarme llevar por la ira delante de mi hijo», dijo.

¿Nos preocupa también a nosotros, al igual que a Mike, propasarnos con los demás cuando nos enfadamos? ¿Nos da miedo la idea de perder el control y actuar de manera destructiva? Perder el control puede ser la señal de que ha llegado la hora de pedir ayuda.

La ira también nos puede hacer perder confianza en nuestro trato con los demás. Si la rabia nos reporta unos resultados malísimos, es posible que empecemos a cuestionar nuestra capacidad de discernimiento, que dejemos de hablar con decisión y confianza por miedo a actuar airadamente e ir demasiado lejos. Podemos sentirnos turbados a la hora de reaccionar ante las dificultades cotidianas. Es muy útil saber dominar nuestras emociones cuando nos acosan los problemas.

Liberarnos de nuestra ira no significa renunciar a nuestros sueños y deseos. Bien al contrario. Al minimizar nuestra ira, tenderemos a actuar con confianza y resolución, y así multiplicaremos nuestras probabilidades de conseguir lo que deseamos en la vida.

Pero si bien es cierto que muchos de los costes de la ira son muy grandes y fácilmente observables por los demás, otros los experimentamos en privado y producen pérdida de control, confusión y falta de confianza. Sentirnos airados por causar verdaderos desaguisados también nos deprimirá y culpabilizará. ¡Tres «artículos» malos por el precio de uno!

¿Estamos padeciendo los costes de la ira?

¿Nos parecen familiares algunos de los ejemplos que mostramos en esta sección? ¿Nos está ayudando la ira a conseguir lo que esperamos de la vida? ¿Son sus costes merecedores de los placeres que nos procura? Si no hemos experimentado las pérdidas arriba descritas, sepamos que los daños originados por la rabia no siempre se manifiestan de manera inmediata. Podrían transcurrir varios años sin que se produjera nada grave. Si hemos padecido —o corremos el riesgo de padecer— los inconvenientes de la ira, ¿no es hora ya de atajar de una vez por todas este problema?

Cambiar de actitud es algo que a veces resulta bastante difícil. Las técnicas y los consejos que se ofrecen en este libro no pretenden ser una solución mágica para nuestros problemas. Para superar una ira bien arraigada se necesita mucho ejercicio y mucho esfuerzo. Sólo entonces nos resultará más fácil.

La decisión de vivir con menos ira puede ser una de las más importantes que jamás hayamos tomado en nuestra vida. ¿Estamos de acuerdo?

2

Falacias sobre cómo enfrentarnos a la ira

Sin duda todos hemos oído muchas sugerencias «dictadas por el sentido común» para hacer frente a nuestra ira. En las revistas populares y los coloquios televisados y radiofónicos se nos ofrece a diario multitud de soluciones que nos ayudan supuestamente a vivir la vida sin ira ni rencor. Lo malo de muchas de estas ideas es que... simplemente no funcionan.

Si hoy consultamos a cinco psicoterapeutas distintos sobre cómo hacer frente a nuestra ira, probablemente obtengamos sendos métodos de tratamiento distintos. Unos «expertos» nos dirán que la solución de nuestro problema de ira se esconde en nuestro pasado: la única manera de combatir con éxito nuestra rabia es mirar hacia atrás y curar viejas heridas e injusticias, que han hecho de nosotros unas personas inseguras y enfadadas. No obstante, otros pueden asegurarnos que nuestro pasado no cuenta para el caso; al cambiar el trabajo, las relaciones o las situaciones que nos quitan el sueño en la actualidad, nos aseguraremos una vida más feliz, más sana y menos airada.

Hay otras opiniones respecto a qué hacer con nuestra ira. Unos profesionales nos recomendarán ponerle freno y evitar en lo posible cualquier encontronazo con personas conflictivas; que nos alejemos de las situaciones «calientes» y no volvamos a ellas hasta habernos serenado. Otros, en cambio, nos pueden alentar a desfogar nuestra ira siempre que la sintamos brotar, por ejemplo, expresándola abiertamente contra la gente que nos parece especialmente odiosa o bien, de manera menos directa y en privado, gritando, aporreando la almohada o haciendo ejercicio físico.

Son muchos los falsos conceptos que circulan por ahí sobre la ira. ¿Por qué? Por la ausencia de una buena investigación científica de las causas y soluciones de los problemas relacionados con ella. Leamos lo que dice el psiquiatra Allen Rothenberg: «La ira, muy raras veces ha sido considerada un tema independiente merecedor de ser investigado... Esto no sólo la ha privado de ser un factor importante para comprender la conducta humana, sino que además ha dado pie a un cúmulo de definiciones confusas, falsos conceptos y teorías simplistas».

Exponemos a continuación las cinco falacias más corrientes sobre cómo nos debemos enfrentar al rencor y la rabia. Para comprender la verdadera naturaleza de la ira, conviene prestar mucha atención a estas falacias; sólo así, luego las podremos desechar con el escepticismo que merecen.

Falacia nº 1: nuestra ira se reduce si la expresamos activamente

La opinión de que debemos expresar activamente la ira para reducirla tiene su principal valedor en el pensamiento freudiano. Según el modelo hidráulico de la emociones de Freud (y de Wilhelm Reich), nuestros sentimientos de ira se acumulan con el tiempo y crean un depósito de energía negativa. Si no expresamos o desfogamos esta rabia contenida, acabará estallando en forma de disfunciones físicas, enfermedades y perturbaciones emocionales. Los terapeutas que suscriben esta teoría nos animan a airear nuestros sentimientos de ira y, por tanto, a drenar nuestro depósito de la tensión contenida. Se supone que al echar una bronca a alguien desagradable, o al realizar otros actos catárticos, impedimos que nuestra energía agresiva se acumule hasta niveles perjudiciales.

Esta falacia entraña dos errores de bulto: el primero, que al expresar nuestra ira reducimos sus riesgos para la salud, y, en segundo lugar, que al dar rienda suelta a nuestro rencor nos sentimos menos airados.

Como hemos señalado en el capítulo 1, hay un gran número de elementos que demuestran que la ira crónica es en realidad un factor de riesgo para las enfermedades del corazón. Numerosos estudios muestran la existencia de una relación directa entre ira reprimida y enfermedad. Pero, ¿se puede afirmar que las personas que desfogan su ira se encuentran mucho mejor que las que no lo hacen? ¡No! ¡Ni mucho menos! Según el doctor Aaron Siegman, psicólogo y estudioso de la ira de la Universidad de Maryland, dar rienda suelta a la ira es un importante factor de riesgo para los enfermos del corazón. Expresar la rabia puede desencadenar un tipo de excitación interna particularmente propicio para la aparición de disfunciones arteriales. Según las investigaciones del doctor Siegman, hay muchas más probabilidades de dañar nuestra salud aireando activamente la ira que conteniéndola. ¡Desfogar impulsivamente nuestra furia supone un riesgo bastante grave!

¿Y qué decir acerca de la falacia de que la gente que expresa su ira de manera abierta y libre está menos expuesto a ella? ¿*Es* cierto que sufrir una catarsis conduce a una reducción de la ira? Según numerosos experimentos psicológicos sobre esta cuestión realizados en los últimos cuarenta años, no cabe ninguna duda de que expresar la ira tanto verbal como físicamente origina *más,* no menos, ira y violencia.

Así pues, desfogar la ira ya sea directa o indirectamente suele reforzarla y fortalecerla. Una colega nuestro que trabaja con clientes airados refiere a menudo este viejo chascarrillo: «¿Cómo se va al Carnegie Hall?». Respuesta: «Practicando, practicando y practicando». De donde se deduce: «¿Cómo nos convertimos en personas realmente airadas?» Respuesta: «Practicando, practicando, practicando».

Si desfogar la ira suele tener un efecto multiplicador de la misma, ¿por qué impera entonces la falacia contraria? La respuesta podría tener algo que ver con la naturaleza de la propia ira. Como se ha señalado en el capítulo 1, la ira es un sistema que ayuda a preparar nuestro cuerpo para la acción contra una amenaza potencial. Cuando se producen los cambios físicos que forman parte de este sistema, nuestro cuerpo se carga y prepara para emprender cierto tipo de acciones. En tales casos, arremeter contra lo que nos enfurece parece lo más natural. Podemos incluso sentir cierto alivio inmediatamente después de haber protagonizado un «numerito» violento o haberle cantado las cuarenta a alguien. Como tras descargar la ira puede ocurrir que nos *sintamos* bien, es también probable que volvamos a intentarlo, neciamente convencidos de que esto es lo más saludable que podemos hacer.

Otra razón de la persistencia de la susodicha falacia es que la mayor parte de los terapeutas quieren ayudar como sea a sus clientes a sentirse y a «rendir» mejor. Como éstos pueden sentir cierto alivio temporal después de dar rienda suelta a la ira, muchos terapeutas suelen creer equivocadamente que están haciendo algo útil al alentarlos a «soltar el vapor». Además, los terapeutas quieren apoyar a sus clientes. Después de haberlos oído describir su indignación por un incidente injusto, suelen creer correcto y oportuno dejarlos expresar libremente sus sentimientos. Es como una manera de mostrarles que los entienden y que se preocupan por ellos realmente.

A pesar de la evidencia, dar rienda suelta a la furia es algo que sigue alentándose en muchas formas de psicoterapia, así como en nuestra cultura en general. Pero si aún creemos que desfogar nuestra rabia es lo más saludable y productivo que podemos hacer, ya va siendo hora de poner en tela de juicio esta idea anticuada. Empecemos resistiéndonos a la tentación de dejarnos llevar por la ira. Tratemos de contenerla la próxima vez y veremos cómo, al final, nuestro despecho y nuestro berrinche irán perdiendo fuelle. Y ahora sigamos leyendo para aprender la manera de no vernos arrastrados, en primera instancia, al interior del círculo vicioso de la ira.

Falacia n° 2: tomarnos un tiempo muerto cuando nos enfademos

Ante los daños y costes que supone dar rienda suelta a la ira, algunos profesionales de la salud mental nos dicen que tratemos por todos los medios de evitar —o escapar de— las situaciones en las que más probabilidades tengamos de sufrir un acceso de cólera. A esto, ellos lo llaman el recurso al «tiempo muerto». Es decir, que si notamos, por ejemplo, que nos vamos a enfadar con nuestros hijos, es conveniente tomarnos una pausa; y si nuestro mal humor hace su aparición en el trabajo, que vayamos a dar un paseo hasta que notemos que empezamos a calmarnos. Dicho así parece un buen consejo, ¿no es cierto? ¡Pues tal vez no lo sea! Hay varios peros que poner a esta manera de solventar nuestra ira. Consideremos el caso de dos personas que utilizaron este método:

Fred a menudo se sentía frustrado y antipático con sus amigas. Aunque nunca las agredía, gritaba y chillaba y a veces rompía algún objeto cuando perdía los estribos. Tras la pérdida de varias amistades, acudió a la consulta. Su terapeuta le recomendó que, cuando notara que empezaba a sentir la rabia, se tomara un descanso. Fred probó este método en su siguiente relación, y la cosa pareció funcionar bien durante un par de meses. Sin embargo, su nueva compañera también acabó abandonándolo. Se quejaba de que no se comunicaba con ella, y de que, como siempre se iba a otra parte, difícilmente podían tratar de resolver sus discrepancias.

Marjorie también estaba practicando la estrategia del tiempo muerto. La empleaba casi siempre en el trabajo, cuando se sentía abrumada por las exigencias de sus clientes y superiores. Si bien no incurría en arrebatos de ira ni exabruptos, su táctica de quitarse de enmedio fue notada enseguida por la gente que la trataba más asiduamente, con lo que se ganó la fama de ser una persona emocionalmente frágil. Sus superiores y colegas dejaron de encomendarle tareas de especial dificultad por miedo a que no pudiera llevarlas a término. Al final, fue apartada del trabajo porque su director no creía que pudiera hacer frente a la presión que éste acarreaba.

Tanto Fred como Marjorie estaban practicando activamente la táctica de la evitación. El primero evitaba cualquier tipo de desavenencia, pero también la comunicación necesaria para mantener en pie una relación íntima. Por su parte, Marjorie evitaba en el trabajo cualquier cosa que, según ella, pudiera aumentar su agitación, por lo que era incapaz de rendir bien.

Dentro de un plazo de tiempo suficientemente largo, al final la táctica de la evitación suele fracasar. En primer lugar, porque no abordamos unos problemas que están pidiendo a gritos una rápida resolución. Cuando huimos de las dificultades, éstas no desaparecen por arte de magia. Antes bien, tienden a enconarse y a convertirse en problemas aún mayores.

En segundo lugar, al dar la espalda a nuestros sentimientos no conseguimos descubrir cuál es la mejor manera de enfrentarnos a ellos. Reflexionemos un poco. Si huimos de una situación estresante, ¿qué aprendemos sobre nosotros mismos? ¡Muy poco! La maduración personal sólo se produce cuando nos enfrentamos a las dificultades. Si no nos inhibimos, sino que nos calmanos y tratamos de abordar la situación de manera diferente, entonces aprenderemos de nuestra experiencia y es probable que seamos más eficientes en el futuro.

A veces la táctica del tiempo muerto puede resultar útil. Tomarnos cierto tiempo para calmarnos puede ser importante si corremos el riesgo de hacer daño a los demás con nuestra furia. Asimismo, si estamos aprendiendo a domeñar nuestros estallidos de ira, tomarnos un respiro puede ser útil en las primeras fases del cambio. Sin embargo, como estrategia a largo plazo, el hecho de tomarnos un tiempo muerto nos impedirá conseguir el control emocional necesario y encarar las dificultades con eficacia. Sólo sirve para esquivarlas.

Falacia nº 3: la ira nos ayuda a conseguir lo que queremos

Tal vez, como ocurre con muchas personas, también nosotros creamos que nuestra ira nos ayuda a conseguir lo que queremos, o a superar la adversidad o la injusticia. Como ya dijimos en el capítulo 1, lejos de ayudarnos a lograr nuestros objetivos, lo más probable es que esto constituya un obstáculo en nuestro camino.

¿Creemos de verdad que, si no nos mostramos encolerizados, la gente no nos escuchará, respetará ni atenderá a nuestros deseos? Esto tal vez sea cierto con algunas personas; y otras pueden plegarse también a nuestra rabia. Es posible que nuestra esposa o nuestros hijos hagan lo que queremos a fin de no oír nuestros estallidos. También es posible que nuestros colegas traten de suavizar nuestra furia. Así que, ¿por qué no seguir este método?

Pues porque 'aunque *es posible* que la gente satisfaga' nuestros deseos mientras estamos chillando o amenazando, lo hace solamente a causa de nuestra constante presión. Pero, con el paso del tiempo, lo más probable es que la gente nos guarde rencor y muestre una actitud distante hacia nosotros. Esto es lo que le ocurrió a Ned con su familia:

> Ned rondaba los cincuenta cuando acudió en busca de tratamiento. Llevaba casado veintisiete años y tenía dos hijos, con los cuales se mostraba muy crítico y exigente. Cuando «se lo llevaban los demonios», su mujer, Nora, y sus hijos se plegaban a menudo a sus deseos con tal de no oírlo berrear. Nora dijo que toda la familia vivía constantemente «con el alma en vilo» y que había decidido no enfrentarse a él abiertamente, por lo que andaba siempre como de puntillas en su presencia.

Pero si bien Ned conseguía a menudo lo que quería (a corto plazo), su familia acabó aprendiendo el modo de sabotear su omnímodo control. Resultado: desapareció la confianza y la intimidad.

Son muchas las personas que vienen a la consulta tras haber alimentado el error de atender sólo a las recompensas de su agresividad a corto plazo. La gente puede plegarse a nuestros deseos. Puede satisfacer al punto nuestras exigencias airadas. Pero no olvidemos que a largo plazo tendremos que pagar un precio muy alto, de lo que se resentirá fundamentalmente el «éxito» por el que suspiramos. Asimismo, perderemos muchas de nuestras amistades a largo plazo.

Falacia nº 4: el estudio del pasado hace disminuir nuestra ira

Ésta es otra falacia bastante corriente entre los profesionales de la salud mental. Estos «ayudadores» sostienen que, para hacer frente a nuestra ira, debemos tener presentes y rememorar los traumas de la infancia que nos enfurecieron en otro tiempo, y que aún siguen enfureciéndonos. Si aceptamos esta falacia, podemos pasar muchos años de terapia tratando de imaginar por qué somos como somos.

Muchos terapeutas nos ayudarán encantados a explorar cada detalle de nuestra infancia y adolescencia. Pero, si bien esta autoexploración puede ser interesante, ¿contribuirá a hacer que disminuya nuestra ira? ¡Lo dudamos bastante!

Para explicar mejor esta idea, recurramos a una analogía. Supongamos que somos aficionados al tenis y que nos gustaría mejorar nuestro nivel de juego, a cuyo fin contratamos los servicios de un entrenador. Tras varias lecciones y un período suficiente de observación, el entrenador identifica o diagnostica algunas de las razones por las que no jugamos mejor. Dice que cogemos la raqueta de manera excesivamente angulada o que nuestra postura en la pista es torpe e incorrecta.

¿Qué eficacia tendrá el entrenador si pasa varios meses tratando de ayudarnos a recordar *cómo* se fue gestando nuestra manera viciada de jugar a tenis? Tal vez aprendimos a coger de determinado modo la raqueta jugando con nuestra hermana durante una acampada estival, o tal vez adquirimos un mal hábito tenístico en el polideportivo del instituto en el segundo año de bachillerato... ¿Nos ayudarán estos descubrimientos a jugar mejor a tenis? ¡Difícil parece! Para mejorar nuestro juego de verdad, no sirve de mucho descubrir dónde o cómo adquirimos nuestro estilo defectuoso.

Sería mucho más útil pasar con nuestro entrenador todo ese tiempo aprendiendo y practicando la manera correcta de coger la raqueta y de movernos en la pista. Por supuesto, tal vez estos ejercicios no nos gusten demasiado al principio, pues suele ser bastante duro desprenderse de los viejos hábitos. Pero, con la repetición y mucha práctica, empezará a gustarnos la manera correcta de coger la raqueta y de movernos en la pista, y nuestro juego mejorará sensiblemente.

Naturalmente, para aprender a ser menos irascibles es preciso ser conscientes de lo que estamos haciendo mal, no de cómo se fueron gestando nuestros errores en el pasado. Aprender y practicar nuevas maneras de pensar y comportarnos nos ayudará sin duda a jugar un mejor «tenis» emocional.

Por supuesto, es posible que en nuestra infancia padeciéramos algún tipo de abuso, negligencia o maltrato que dieran pie u origen a nuestra furia posterior. Pero seguir hoy obsesionados por aquellos hechos pasados difícilmente nos ayudará a vivir de manera saludable. En cambio, si aprendemos a replantear estas experiencias y a cuestionar algunas de las creencias «coléricas» que aún tenemos sobre ellas, conseguiremos, a buen seguro, reducir considerablemente nuestra ira actual.

Falacia nº 5: los acontecimientos externos provocan nuestra ira

Cuando la gente se enfada, raras veces carga con la responsabilidad de sus sentimientos. ¿Cuántas veces hemos pensado o dicho: «ese tío me cabrea», «esa tía me revienta» o «esos tiparracos me sacan de quicio»? Con semejantes enunciados damos por supuesto que nuestros sentimientos de ira se hallan fuera de nuestro control. ¡Pobrecitos! Somos víctimas indefensas cuyas emociones bailan fatídicamente al compás que les imponen las circunstancias de este mundo...

Si cualquier acontecimiento externo nos sacara realmente de quicio, todos reaccionaríamos de la misma manera ante acontecimientos parecidos. Por ejemplo, consideramos una situación en la que diez personas están atrapadas en un embotellamiento y van a llegar tarde a una reunión importante. ¿Se conducirán todos exactamente de la misma manera? Por supuesto que no.

Algunas personas «embotelladas» se irritan visiblemente y empiezan a tocar el claxon y a chillar a los demás conductores mientras piensan: «¿Por qué habrán dado el carnet de conducir a semejantes tarugos? ¡Me dan ganas de matarlos!». Otros, asimismo, se dirán exacerbados: «¿Por qué no habré salido con más tiempo? ¡Mira que soy imbécil...!». Otros, finalmente, mantendrán la calma, diciéndose para sus adentros: «Son cosas que pasan de vez en cuando. Así que... paciencia».

Vemos, pues, cómo diferentes personas reaccionan de diversas maneras ante un mismo acontecimiento. En realidad, son raras las veces que nosotros mismos respondemos de la misma manera ante una situación idéntica. ¿Qué es lo que nos dicen estas distintas reacciones emocionales? En la mayoría de los casos, nuestras *creen-*

cias sobre lo que ocurre determinan nuestras respuestas emocionales. En el caso de la ira, cuando sentimos que perdemos el control, nuestras reacciones pueden dar la impresión de ser prácticamente automáticas. Puede *parecer* que nuestra rabia surge como simple reacción ante un acontecimiento externo. Pero, como no dejaremos de decir a lo largo de este libro, es fácil ver que nuestras creencias son las que nos llevan al borde de la ira y nos hacen esclavos de ella. Somos nosotros —y no esos «tiparracos de mierda»— los que creamos la ira. ¡No lo dudemos!

Para reducir con éxito nuestra ira y hacer frente con mayores garantías a las dificultades de la vida, conviene desterrar la idea de que las situaciones injustas, las personas difíciles y las frustraciones importantes son las que nos *ponen* automáticamente furiosos. Sin duda contribuyen también en parte. Pero siempre crean lo que nosotros ya sentimos. Aceptar esta responsabilidad es fundamental para hacer frente con eficacia a nuestros futuros arrebatos.

Estas cinco falacias son las que hemos observado más corrientemente en las personas que han acudido a nosotros en busca de ayuda para hacer frente a sus problemas de ira. Hay también otras falacias en torno a la ira, como nos señalan Carol Tavris, Bud Nye y otros escritores. Pero, por ahora, nos limitaremos a las cinco que acabamos de describir, suficientes para abordar de lleno nuestro tema sobre cómo vivir con y sin los sentimientos de ira.

3

La TREC y los fundamentos de la ira

Una recta comprensión y utilización de la TREC (Terapia Racional Emotivo-Conductual) puede tener resultados insospechados en el tratamiento de nuestra ira. Sin embargo, no se trata de ninguna fórmula mágica. La TREC busca simples soluciones a nuestros problemas, a los que aborda de manera realista, no mágica.

¿Cómo surgió la TREC y qué la hizo diferente de las otras formas de psicoterapia?

Yo (Albert Ellis) creé los principios de la TREC partiendo de mi propia investigación y de mis experiencias clínicas. Posteriormente, estos principios se vieron refrendados por cientos de estudios empíricos. Durante mi carrera de terapeuta he utilizado numerosas técnicas para tratar a mis clientes. Tras largos años de experimentar e investigar, he llegado a la conclusión de que la mayoría de las terapias al uso —especialmente el psicoanálisis clásico, que yo mismo practiqué durante cierto tiempo— son ineficaces y, por tanto, suponen una onerosa pérdida de tiempo tanto para el cliente como para el terapeuta. De este modo, en 1953 empecé a buscar otros procedimientos más eficaces.

Muchos de los principios de la TREC se inspiran en la filosofía antigua, así como en la psicología propiamente dicha. Desde mi juventud siento una afición especial por el estudio de la filosofía; al incorporar algunos de sus principios a la psicoterapia, descubrí que mis clientes obtenían mejores resultados en mucho menos tiempo que cuando seguía planteamientos no filosóficos. Así, en enero de 1955, fundé la TREC, y desde esa fecha no he dejado de ayudar a formar a miles de terapeutas en la práctica de ésta. Siguiendo las pautas por mí trazadas en los años sesenta y setenta, Aaron Beck, David Burns, William Glasser, Maxie Maultsby Jr., Donald Meichenbaum y otros destacados terapeutas iniciaron la Terapia de la Conducta Cognitiva (TCC), parecida a la TREC en muchos aspectos. La TCC es una forma general de terapia ideada según la TREC y que utiliza muchas de las teorías y prácticas de ésta. Sin embargo, no hace tanto hincapié como la TREC en las necesidades primordiales de la gente y es menos emotiva y experimental. En este libro vamos a mostrar la manera de utilizar la TREC de manera específica, y al mismo tiempo enseñaremos también a aplicar la TCC a nuestra ira y a otros problemas emocionales.

Como los autores de este libro somos terapeutas practicantes, como es lógico aconsejamos al lector acudir a un terapeuta que conozca bien la TREC o la TCC en caso de que tenga un grave problema emocional. Pero hemos descubierto también que, utilizando la TREC, podemos «terapeutizarnos» nosotros mismos. En este libro se sostiene que la ira la creamos nosotros *filosóficamente;* es decir, recurriendo a un pensamiento absolutista y autoritario. Así pues, si sabemos observar bien y controlar nuestros pensamientos, estaremos en mejores condiciones de reducir nuestra ira destructiva.

La TREC incluye unos métodos autodidácticos que nos ayudan a combatir nuestra rabia incluso en circunstancias inhabitualmente desquiciadoras. ¿También cuando se nos trata injustamente o nos han engañado? ¡Sí, también en estos casos!

Pondremos un ejemplo para ilustrar mejor la manera de controlar sanamente nuestros sentimientos intensos de ira, rabia y venganza. Imaginemos que Jack y Joan se han comprometido a compartir piso con nosotros, y también el alquiler, con tal de que nosotros lo acondicionemos y amueblemos debidamente. Esta idea no nos parece mal, pese a los quebraderos de cabeza y gastos personales que nos supone. Pero he aquí que, en el último momento, nuestros amigos nos dicen que tienen otros planes y no pueden cumplir su parte del acuerdo. Como consecuencia, nos sentimos sumamente enfurecidos con ellos. No sólo hemos gastado mucho dinero, sino que, además, en el último minuto tenemos que buscar a otra persona que comparta el piso con nosotros.

¿Cómo hacer frente a nuestra ira con eficacia? Guardándonos nuestros sentimientos sólo para nosotros. Pero, como todavía los tenemos, nuestro resentimiento latente afectará negativamente a nuestra amistad con Joan y Jack. Como no decidimos nada, nuestra rabia afecta a nuestras otras actividades. Esta solución no funcionará.

Podemos decidir enfrentarnos a Jack y Joan con nuestros sentimientos, *expresándolos libremente.* «Mirad», les decimos, «quiero que sepáis que no tenéis derecho a tratarme de esta manera. Después de todo, dijisteis que compartiríais el piso conmigo una vez que lo hubiera arreglado y amueblado. Yo nunca hubiera hecho esto si vosotros no hubierais aceptado compartir el piso conmigo. Me habéis hecho la pascua y os habéis portado de manera malvada. ¿Cómo habéis podido hacer semejante jugarreta a un amigo? Yo nunca os he hecho nada tan feo, y, la verdad, no veo cómo podéis esperar amistad de nadie si tratáis a la gente de esa manera...»

Dando libre expresión a nuestra ira, podemos mostrar con razón a Joan y a Jack lo mal que se han portado. Pero con esta respuesta estamos criticando a la vez su conducta (la acción) y a ellos mismos (los actores). Con semejante respuesta, lo más normal es que ellos pasen a la defensiva, nieguen los hechos y emprendan un feroz contraataque.

No olvidemos que Jack y Joan, al igual que la mayoría de los seres humanos, probablemente tengan una fuerte tendencia autoinculpado . Por tanto, al señalarles sus errores, tenderán a sentirse peor de lo que nosotros pretendemos que se sientan. Como resultado de nuestras observaciones críticas, independientemente de lo acertada o creativamente que las hayamos formulado, nuestros amigos se sentirán con toda probabilidad terriblemente culpables y se esforzarán para que también nosotros nos sintamos culpables. Así, expresar con total franqueza nuestra ira puede perjudicarles no sólo a ellos, sino también a nosotros mismos.

Otra alternativa —la del *perdón cristiano*— consiste en poner la otra mejilla. Pero en este mundo tan explotador y agresivo en que vivimos, tal solución puede resultar imposible de llevar a la práctica. Sin duda la gente se sentirá menos intimidada ante nosotros, pero también más tentada a aprovecharse de nuestra pasividad y «buena pasta». Desde luego, nos habremos portado maravillosamente, pero eso no significa en absoluto que los demás nos respeten y traten igual de bien que nosotros a ellos.

Resumiendo las alternativas para hacer frente a la ira arriba reseñadas, vemos cómo, aunque cada una de ellas pueda funcionar *a veces*, aplicarlas en todos los casos puede suponernos verdaderos inconvenientes. Así, es preciso buscar otras soluciones que nos permitan hacer frente a situaciones difíciles y conseguir lo que deseamos sin faltar a la franqueza ni alentar la agresividad o una postura defensiva en los demás, ni exponernos tampoco a ulteriores malos tratos.

Podemos afirmar rotundamente que no existe ningún método perfecto para hacer frente a la ira desquiciadora. Con todo, vamos a presentar algunos de los procedimientos generalmente utilizados en la TREC y en la TCC (Terapia de la Conducta Cognitiva) que más éxito han tenido durante las últimas cuatro décadas en cuanto a ayudar a la gente a solucionar sus problemas de ira. Si nos decidimos a meditar seriamente en y a experimentar con las prácticas de la TREC y la TCC que vamos a describir a continuación, y si las practicamos a lo largo de un determinado período de tiempo, no dudemos que también nosotros seremos capaces de solucionar con eficacia nuestros problemas relacionados con la ira.

¿Cómo solucionar el problema de nuestra agresividad utilizando los métodos de la TREC? Examinemos los principales pilares en que se apoya esta terapia.

En primer lugar, está la C o *consecuencia emocional (o conductual)*; es decir, nuestra ira.

Luego buscamos la A o *experiencia activadora* o *adversidad*: Joan y Jack no cumplieron su palabra en un pacto importante para nosotros.

Si cotejamos A con C, podría parecer que A produce C. La teoría de la TREC presupone, no obstante, que, aunque nuestra *experiencia activadora* contribuye directamente a nuestra consecuencia emocional, o ira, no la *produce* realmente, pues, si estudiamos detenidamente la relación entre A y C —como haremos a lo largo de todo este libro—, descubriremos sin duda que el incumplimiento de lo pactado por parte de nuestros amigos nos produce un gran fastidio y una gran decepción —pues esto nos impide obtener lo que queríamos—. Pero su marcha atrás no provoca necesariamente *por sí sola* que nos sintamos indignados con ellos. ¡En absoluto!

En efecto, si nuestra ira, C, es fruto directo de A, tenemos que suponer que siempre que encontremos cualquier A concreta sentiremos la misma emoción en C. Pero ocurre que éste no es el caso. Por ejemplo, sabemos que el agua hierve a determinada temperatura y se congela a otra distinta, y esto vale para todas las situaciones en que se hallen implicadas el agua y la temperatura. Sin embargo, cuando se produce una interacción entre personas y situaciones, las leyes físicas no siempre se cumplen. A menudo nos sentimos sorprendidos por la reacción de una persona ante una situación dada, como, por ejemplo, el caso de las víctimas de un delito que, en vez de colaborar con las autoridades para llevar cuanto antes al delincuente ante la justicia, hacen justo lo contrario. Por extraño que parezca, están ayudando a su agresor a evitar su procesamiento. Si examinásemos a cien personas, todas víctimas del mismo delito, descubriríamos muchas reacciones diferentes. Unas reaccionarían con sentimientos de perdón, mientras que otras presentarían una reacción entre los dos extremos. Aunque la consecuencia emocional esté afectada por una experiencia activadora, no dimana directamente de ella.

Por tanto, los humanos tenemos *cierto* margen de elección y control sobre nuestras reacciones ante distintas situaciones. Cuanto más conscientes seamos de nuestras posibles reacciones ante las injusticias, más probabilidades habrá de que decidamos reaccionar sin rabia. Podemos crear creencias (Cr) *entre* A y C. Nuestras Cr sobre A determinan en gran parte nuestra reacción ante ésta. Cuanto más conscientes seamos de nuestra Cr *sobre* A, más probabilidades habrá de que nuestra elección nos ayude a alcanzar nuestros objetivos. Al decidir *pensar* en las Adversidades (A), dejamos de actuar también impulsivamente, o insensatamente, en C. Por desgracia, las veces que reflexionamos sobre nuestro propio pensamiento son raras, y por ello también son raras las veces que cambiamos el influjo que tienen nuestros pensamientos sobre nuestras acciones y reacciones.

Todos los humanos desarrollamos un *sistema de creencias (Cr)* en el que nos basamos para enjuiciar y valorar a la gente y a los acontecimientos. Aunque tengamos creencias personales o sistemas de valores propios, también tenemos muchas creencias compartidas por los demás miembros de nuestra familia y grupo cultural. En ciertos puntos importantes, los sistemas de creencias de culturas distintas difieren de manera significativa y, con el tiempo, también los de una misma cultura. Todos los individuos tenemos, en un momento dado, un buen número de sistemas de creencias diferentes; a veces cambiamos radicalmente nuestros sentimientos y opiniones con objeto de seguir siendo felices y productivos en un mundo en constante cambio.

Nuestras creencias individuales no son enteramente nuestras. Buena parte de lo que consideramos bueno o malo, correcto o equivocado, lo hemos heredado de nuestros mayores y de nuestro grupo social.

Aunque nuestro sistema de creencias influye poderosamente en nuestras reacciones en C, las Cr no son el único factor que determina C. También A influye considerablemente en nuestras reacciones. Así pues, C equivale a Cr cada vez que se presenta A. A menudo nos resulta difícil influir en A, por mucho que lo intentemos. Pero, afortunadamente, sí podemos cambiar Cr, como veremos más adelante.

Ninguna de nuestras experiencias tiene un valor establecido *per se*. Pero nosotros podemos *dar*les valor. Esta es una de las funciones típicas de nuestra naturaleza: enjuiciar y evaluar nuestras experiencias. Lo que deseamos o preferimos lo llamamos «bueno», y lo que nos disgusta lo llamamos «malo». Una vez que hemos calificado o evaluado las experiencias (A) —y creado creencias en torno a ellas—, nuestras Cr determinan los sentimientos y las conductas que acompañan a dichas A.

Conociendo nuestras A y nuestras C, resulta más fácil imaginar nuestras Cr y enfrentarnos a nuestras C, especialmente a nuestra autoinculpación y a nuestras rabias de índole destructiva. Así, a partir de nuestra rabia (C) causada, pongamos por caso, por alguna injusticia sufrida (A), trataremos de comprender las creencias irracionales (Cri) que nos han conducido a C y podemos disputarlas (punto D) poniendo en tela de juicio su precisión y utilidad. En el capítulo siguiente nos ocuparemos más detenidamente de esto.

Empezando por las C (consecuencias), aprendemos que nuestro sentimiento de la ira (o cualquier otro sentimiento contraproducente) subsigue a una experiencia «negativa» en A. También constatamos que nuestro sistema de creencias influye poderosamente en nuestros sentimientos en C. Llegados a este punto, la TREC nos ayuda a descubrir exactamente qué creencias contribuyen a nuestros sentimientos de ira negativos y malsanos, así como a modificar cualquiera de nuestras creencias examinando su irracionalidad. También nos hace ver, en primer lugar, cómo las creencias racionales (Crr) o «autobeneficiadoras» nos suelen volver sanamente pesarosos y decepcionados en vez de enfurecidos (C), en segundo lugar, cómo las creencias irracionales (Cri) o contraproducentes tienden a enfurecernos (C) a causa de las Adversidades (A) y, finalmente, cómo podemos disputar (D) nuestras Cri para que nuestros sentimientos vuelvan a ser sanos y sosegados.

4

Aspectos racionales e irracionales de la ira

En este capítulo veremos cómo nuestras creencias racionales (y productivas) y nuestras creencias irracionales (e improductivas) se pueden dividir solamente en un par de categorías importantes, y cómo podemos aprender a reconocer nuestras creencias contraproducentes, para cambiarlas ulteriormente. Empecemos, como de costumbre, con el punto C de los principios básicos de la TREC. En el punto C (consecuencia), cuando algo va mal en nuestra vida en el punto A, buscamos dos tipos de sentimientos negativos. Éstos suelen ser:

sentimientos negativos sanos, como, por ejemplo, la decepción, el pesar y la frustración, y

sentimientos negativos malsanos, como, por ejemplo, la depresión, el pánico, la rabia, la autoconmiseración y la baja tolerancia de la frustración.

Aunque no existe una definición precisa de estas categorías, podemos decir que las conductas y sentimientos negativos sanos nos ayudan a combatir y superar los escollos y problemas de la vida y a alcanzar nuestros principales objetivos. Estos sentimientos negativos sanos nos ayudan a vivir de manera feliz y productiva, sin frustraciones ni penas innecesarias. Por su parte, los sentimientos negativos malsanos tienden a evitar que alcancemos muchos de nuestros principales objetivos.

También podemos dividir nuestro sistema de creencias (Cr) en dos categorías principales:

Creencias constructivas o racionales (Crr) y
Creencias destructivas o irracionales (Cri).

Podemos afirmar, sin temor a equivocarnos, que casi todos los humanos poseemos creencias racionales. De lo contrario, la raza humana difícilmene podría sobrevivir. Como se ha dicho más arriba, muchas de nuestras creencias racionales, así como de nuestras creencias irracionales, las aprendemos de nuestros mayores. Pero, como han mostrado George Kelly, Jean Piaget y otros, muchas de ellas son también producto personal nuestro. ¿Por qué? Porque somos resolvedores natos de problemas y creamos con la misma facilidad ideas autofavorecedoras que autosaboteadoras.

Cuando nos ocurre algo desafortunado en A (experiencia activadora o adversidad), y nos sentimos perturbados en C (consecuencia emocional), tenemos a la vez Crr y Cri. Si nuestras Crr son más fuertes (más sólidas) que nuestras Cri, generalmente no nos sentiremos perturbados (nerviosos o airados) en C; pero si son más fuertes nuestras Cri, generalmente nos sentiremos perturbados en C.

Volvamos al ejemplo anterior para tratar de situar nuestras Crr. Sabemos que estamos irritados con Jack y Joan en C después de que éstos hayan incumplido injustamente el trato que hicieron con nosotros (A). Por tanto, podemos hablarnos a nosotros mismos (en Cr) en unos términos más o menos del siguiente tenor: «¡Qué mal me han tratado! ¿Cómo han podido tratarme esos mierdas de manera tan terrible?». Ésta podría ser una exclamación racional o razonable. Sin embargo, al profundizar, descubrimos que, aunque aquí parece que sólo hay una idea, en realidad hay dos ideas contradictorias.

En primer lugar, estamos pensando: «¡Qué mal me han tratado! Han frustrado seriamente mis planes, y no sólo me han fastidiado de lo lindo, sino que además me han puesto injustamente en una situación muy difícil». Nuestra observación de que Joan y Jack nos han hecho una cosa mala parece a la vez exacta y realista.

En segundo lugar, estamos diciéndonos: «¿Cómo han podido tratarme esos mierdas de manera tan terrible?» Aquí vemos lo que Jack y Joan han hecho de «malo» y de «terrible», y terminamos con una creencia irracional. Nuestra creencia de que su acción es terrible u horrible es irracional por varias razones: *a)* al cualificar a su acción de «terrible» estamos dando a entender que es probablemente cien por cien mala o totalmente mala o todo lo mala que pueda ser. Eso son exageraciones porque la acción vituperada —digámoslo sinceramente— no ha sido *tan* mala; *b)* estamos sugiriendo, plenamente convencidos, que su conducta es tan mala que *no debería existir en absoluto* y que Joan y Jack no tienen derecho a hacerla existir. En realidad, la manera injusta como nos han tratado *debe* existir, pues no cabe duda de que *de hecho* existe. Y ellos tienen *de hecho* derecho —es decir, la prerrogativa— a hacer las cosas bien o mal. Tienen *libertad* para portarse todo lo mal que quieran; *c)* estamos pretendiendo que Jack y Joan han hecho una cosa injusta o fea; y, según los patrones culturales al uso, llevamos razón. Pero también estamos diciendo que *son* unos mierdas y que todo su ser o esencia *es,* y presumiblemente será para siempre, una mierda. ¡Menuda generalización y exageración!; *d)* ¿a dónde nos llevará este deseo de «terribilizar» lo que han hecho y de condenar toda su personalidad por una parte de su conducta bastante pequeña? ¿A dónde nos llevarán estas creencias? Contestación: a un infierno bastante parecido al infierno al que los estamos condenando. Lo que conseguiremos con ello será enfurecernos al máximo, y tal vez también cometer alguna insensatez a causa de nuestra furia y provocar otras innecesarias situaciones violentas.

¿Está claro por qué nuestras reacciones —¡mejor dicho, sobrerreacciones!— ante la manera injusta como nos han tratado nuestros amigos pueden resultar más perjudiciales que provechosas? Detengámonos en este punto un poco más.

Al dar a nuestras Cri poder para aplastar nuestras Crr, tendemos a hacer oídos sordos a la realidad, a pensar ilógicamente, a buscarnos problemas adicionales, a cortar el camino a los sentimientos sanos y a obrar de manera destructiva. La TREC nos muestra que, si no somos conscientes de —y nos esforzamos en— cambiar nuestras Cri, seguiremos teniendo muchas dificultades para hacer frente a nuestra ira y demás sentimientos perturbados. En la TREC se incluyen muchas técnicas emotivas para cambiar estos sentimientos y muchos métodos activos para mejorar nuestra conducta. *Pero se insiste sobre todo en que, si queremos cambiar nuestros sentimientos y nuestras acciones de manera eficaz, es preciso tomar conciencia de la necesidad de cambiar nuestro sistema de creencias.*

Resumiendo: en A sabemos que Joan y Jack nos han tratado injustamente al incumplir el trato que hicieron con nosotros.

- Al considerar nuestras Crr, nuestro sistema de creencias racionales, hemos descubierto la siguiente creencia nuestra: «Esto no me gusta. ¡Ojalá no me hubieran tratado tan mal!».
- En C, nuestra consecuencia emocional sana, experimentamos sentimientos de decepción, desagrado y desasosiego.
- *Creencia racional:* «No me gusta lo que está pasando». Los sentimientos negativos sanos son estos tres: decepción, frustración y pesar.

En cambio, si descubrimos que en C estamos irritados con Jack y Joan (nuestra consecuencia malsana), querremos utilizar la TREC para buscar Cri que conduzcan a esta C (ira).

Para descubrir y arrancar de raíz nuestras Cri, utilizaremos el método de la TREC disputar (D), cuyo objetivo es descubrir cualquier creencia poco realista e ilógica que tengamos en Cr. Situando nuestra ira dentro del marco de la TREC, estaremos en condiciones de descubrir nuestras Crr y Cri al observar, ante todo, lo que está pasando en A y C. Por ejemplo, una de nuestras Crr puede ser: «¡Qué daño me han hecho Jack y Joan al pactar una cosa conmigo y luego echarse atrás sin avisarme!». Esta creencia *sí* tiene sentido, como salta claramente a la vista. Asimismo, calificar su conducta simplemente como nociva nos llevará probablemente a sentir una sana decepción en vez de una rabia destructiva.

Por tanto, conviene seguir observando nuestras creencias para descubrir qué más cosas hemos pensado. Veremos asimismo que nos hemos dicho esto: «¡Es *espantoso* que Joan y Jack se comporten de manera tan irresponsable! ¡Es injusto y *terrible!*». Aunque esta creencia en principio tal vez no parezca muy irracional o ilógica, en realidad es uno de los cuatro enunciados irracionales que la gente suele hacer para crear —sí, crear— su rabia. En efecto, cuando decimos que es *espantoso, terrible* u *horrible* que Jack y Joan nos hayan tratado tan mal, estamos equiparando su *manera injusta* de obrar con algo *horroroso* y no conseguimos ver que se trata de dos cosas muy diferentes.

¿Cuáles son las cuatro Cri más importantes que nosotros —y miles de millones de personas— inventamos para enojarnos, enfurecernos, cegarnos de ira y a veces cometer un homicidio? Generalmente son éstas:

1. «¡Es *terrible* que haya gente que me trate de manera tan poco atenta e injusta!»
2. «¡*No soporto* que me traten de esa manera!»
3. «¡*Bajo ningún concepto deberían* portarse tan mal conmigo!»
4. «Como se conducen de manera tan canallesca, ¡son unas *personas malvadas* que no merecen tener una buena vida y deberían ser castigadas!»

Todas estas exclamaciones despechadas están mutuamente relacionadas y tienden a achacar exclusivamente a los demás su «mala» conducta. Al confundir de este modo a las persona con sus acciones, damos por supuesto que sólo las personas «buenas» pueden obrar «bien» y que todas la acciones «malas» deben ser realizadas por personas «malvadas». Para confundir aún más las cosas, cualquier persona que haga algo que cualquier otra persona estime «malo» ha de *ser* una «mala persona». Si la que actúa es una «buena persona», entonces ésta presumiblemente *nunca* podrá hacer nada malo, ya que *es* una «buena persona» y, por tanto, sólo capaz de acciones «buenas». Asimismo, si la que actúa es una «mala persona», *nunca* podrá hacer nada «bueno», ya que *es* una mala persona y sólo podrá realizar acciones «malas».

En realidad, todos sabemos que hay personas reputadas como buenas y responsables que a menudo tratan injustamente a los demás. También sabemos que hay quien tacha a veces de «malas personas» a quienes han actuado equitativamente en multitud de situaciones. Así pues, ¡mucho cuidado con este tipo de generalizaciones indebidas!

Volvamos a nuestro enfado con Joan y Jack: los consideramos malvados porque han realizado un acto malvado. Utilizando la TREC, vemos que el enfado, nuestra consecuencia malsana, es producto de haber relacionado correctamente sus personas con sus acciones irresponsables, pero *también* de haberlos condenado incorrectamente —haber condenado sus personas globalmente por dichas acciones—. Para seguir siendo racionales —es decir, útiles a nosotros mismos y a la sociedad—, podemos evaluar como injusta la conducta de Joan y Jack al tiempo que nos negamos a tacharlos de «personas horribles».

Como hemos juzgado la conducta de Joan y Jack —que no su personalidad— como detestable, y como su falta de palabra nos ha perjudicado seriamente, podemos decidir ahora, prudentemente, no volver a hacer ningún otro trato con ellos. Al renunciar a nuestra rabia, dejamos abierta la posibilidad de restablecer las relaciones con ellos, pues aún seguimos reconociendo algunas de sus buenas cualidades. Y como no los rechazamos por completo, les ayudamos a que aprecien nuestra cordura y nos respeten como personas, y tal vez también a que se porten de manera más equitativa con nosotros en el futuro.

Como podemos ver por este ejemplo, los principios de la TREC no sólo tratan de los aspectos destructivos de la ira, sino que a menudo ofrecen también la posibilidad de restablecer relaciones sobre la base del respeto mutuo. Como se ha señalado anteriormente, una de las primeras consecuencias de nuestra ira suele ser la pérdida de amistades.

Hasta aquí los principios básicos de la teoría de la TREC. En el siguiente capítulo examinaremos varios métodos que podemos emplear para tratar de detectar las Cri con las que se crea generalmente la ira destructiva.

5

Descubrir nuestras creencias generadoras de rabia

Analizar nuestro pasado y nuestro presente es sin duda un acto fascinante. Pero no basta. Saber qué fue lo que originó nuestra cólera actual y cómo es que seguimos aún encolerizados es mucho más importante. Por eso, la TREC nos muestra lo que hicimos en determinado momento para que se originara nuestra ira y lo que estamos haciendo ahora para que ésta siga existiendo.

En este capítulo vamos a considerar lo que hicimos antes, lo que seguimos haciendo y lo que tenemos tendencia a hacer para crear la rabia destructiva. Y lo que es más importante, mostraremos cómo se puede utilizar este análisis para cambiar nuestras conductas generadoras de ira.

¿Es la TREC un planteamiento de nuestra ira parecido al planteamiento psicoanalítico? ¡En absoluto! Es un planteamiento mucho más profundo y útil. Si exponemos nuestro problema de ira a un psicoanalista, probablemente éste pase los próximos años haciéndonos ver lo mal que nos trató nuestra familia en los primeros años de nuestra vida (origen de nuestra cólera actual) y que estamos proyectando nuestra ira primordial sobre nuestros allegados, lo que nos convierte en unos sujetos neuróticos en la actualidad.

Aun cuando este análisis fuera correcto, ¿lo podríamos considerar realmente útil? ¡Es muy poco probable! A lo sumo, nos informa sobre las *condiciones* que crearon y mantienen viva nuestra ira; pero no revela nuestras creencias, anteriores y actuales, *sobre* dichas condiciones ñi nos enseña a *cambiar* dichas creencias.

El análisis de la TREC revela nuestra *filosofía* sobre el presunto maltrato que recibimos de niños por parte de nuestra familia, así como nuestra *actitud* sobre nuestra presente victimización. También nos hace ver cómo, independientemente de lo mucho que nos victimizaran durante nuestra influenciable y sugestionable infancia, *aún* seguimos reinfluyéndonos a nosotros mismos en la actualidad, al tiempo que nos asegura que, como personas pensantes que somos, podemos *cambiar radicalmente* nuestras creencias fomentadoras de la ira. Sí, radicalmente.

Tratando de ir más allá del psicoanálisis, la TREC hace hincapié en que, como adultos que somos ahora, podemos hacer una *elección* consciente. Nosotros, no nuestra familia ni los demás. Y que *podemos* asimismo controlar nuestras ideas, actitudes y acciones, y organizar en gran parte nuestra vida según nuestros propios criterios, siempre y cuando *trabajemos* para este fin.

Son muchos los clientes que, cuando se percatan de sus Cri (creencias irracionales), dicen haberlas heredado de sus mayores. De acuerdo, pero aún siguen decidiendo *mantener* en pie dichas irracionalidades. Más aún, como gusta de subrayar la TREC, tanto los niños como los adultos son seres *creativos*. A menudo convierten sus deseos y preferencias, que aprenden en parte de sus padres y de su cultura, en exigencias y órdenes contraproducentes —prescripciones, mandamientos y dictámenes absolutistas—. Así, aprenden a ser —pero *también* se convierten creativamente en— unos dictadores compulsivos y masoquistas. Sí, las creencias que tenemos los humanos proceden parcialmente de ideas que adquirimos durante la infancia y a las que no renunciamos nunca durante nuestra vida adulta. Pero estas ideas también se originan en nuestra *propia* capacidad creativa para inventar maneras retorcidas de pensar.

Volvamos ahora la atención al modelo de la TREC para ver cómo podemos utilizar las nociones que estamos adquiriendo a fin de descubrir y minimizar nuestras Cri inhibidoras de los objetivos. En el capítulo anterior hemos visto cómo en las reacciones perturbadas (C) ante las Adversidades (A) se encierra una buena dosis de Cri. En este punto cabe preguntarse: ¿en qué consisten las Cr? Y más importante todavía, ¿cuáles son las Crr y las Cri que tenemos?

Podemos utilizar dos planteamientos distintos para descubrir nuestras Crr y nuestras Cri. En primer lugar, preguntarnos: «¿Qué creemos en el punto Cr inmediatamente antes de experimentar las consecuencias perturbadas en el punto C?». Si no obtenemos una respuesta clara, podemos intentar el segundo planteamiento. Conocemos tanto A como C. Si C es malsano —como, por ejemplo, la ira, la ansiedad y la depresión—, cabe suponer que algún tipo de Cri ha influido en nuestro sentir. Ya hemos enumerado las cuatro Cri con las que la mayor parte de la gente crea su ira. Pero las detallamos de nuevo:

1. «¡Es *terrible* que haya gente que me trate de una manera tan poco atenta y tan injusta!»
2. «*¡No soporto* que me traten de esta manera!»
3. «*¡Bajo ningún concepto deberían* portarse tan mal conmigo!»
4. «Como se conducen como no debieran, ¡son *unas personas malvadas* que no merecen una buena vida y deberían ser castigadas!»

Aunque estos apóstrofes valen sobre todo para la ira, a menudo se aplican de forma diferente cuando experimentamos ansiedad, en vez de ira, en C. Sentimos ansiedad cuando tememos no conseguir algo que queremos realmente —como, por ejemplo, éxito o placer— o cuando proclamamos que *debemos* conseguirlo *absolutamente*. Por lo general, la ansiedad es fruto de las Cri que tenemos sobre nosotros mismos, mientras que la ira lo es de las Cri que tenemos sobre los demás.

Volviendo al ejemplo antes citado, supongamos que hemos oído algún rumor o comentario indirecto en el sentido de que Jack y Joan se van a echar atrás en lo pactado con nosotros. Supongamos que oímos decir que han dado a entender a un amigo que piensan romper su trato con nosotros. Nosotros aún no sabemos a ciencia cierta que se van a echar atrás y no nos decidimos a enfrentarnos con ellos por esta causa. Así, en el punto A creemos que pueden echarse atrás, pero abrigamos dudas al respecto. En el punto C (consecuencia) nos volvemos ansiosos y nerviosos. ¿Cuáles son las Cri que en gran parte crean nuestra ansiedad (C)? Son éstas, probablemente:

1. ¡Sería *horroroso* que Joan y Jack se echaran atrás respecto a lo que hemos hablado! ¡Yo no podría apañármelas solo, y eso sería *terrible!*
2. «¡De confirmarse el rumor, no *soportaría* los inconvenientes que se desprenderían de ello!»
3. «¡No debería haberles dejado ponerme en este brete y soy un *debilucho* por haberlo permitido!»
4. «¡Si no salgo adelante tras su probable marcha atrás, es que soy una *persona inferior* y merezco lo que me pasa por no hacer frente a esta situación como *debería!»*

Como se puede ver fácilmente, las Cri arriba descritas que nos tornan ansiosos se parecen bastante a las que hacen que nos encolericemos. La principal diferencia estriba en que, en el primer caso, estas creencias versan sobre nosotros mismos mientras que, en el segundo caso, versan sobre Jack y Joan.

Otra manera de crear sentimientos negativos malsanos en el punto C y, por tanto, de alterarnos innecesariamente, podría ser la siguiente: supongamos que, en vez de echarse atrás, Joan y Jack se hubieran mudado a otro piso fuera de la ciudad. Reconocemos que tienen relativamente pocas opciones al respecto porque sólo podrían conservar sus trabajos mudándose. Así que comprendemos su decisión. Pero, aunque no nos enfadamos con ellos, descubrimos que nos sentimos sumamente deprimidos en el punto C. Entonces podríamos tener Cri como éstas:

1. «¡Es *terrible* que me haya tenido que pasar esto a mí precisamente!»
2. *«¡No soporto* que me salgan las cosas tan mal!»
3. «¡Las cosas *no deberían* suceder de esta manera tan terriblemente fastidiosa!»
4. «Nunca me sale nada como quiero. La vida es *siempre injusta* conmigo, ¡y eso *no debería ser así!»*

Obviamente, las creencias arriba enumeradas son irracionales y contraproducentes. Sin embargo, ¿quién de nosotros no ha tenido tales pensamientos cuando se ha sentido deprimido? Con esto se intenta mostrar que los tipos de Cri que producen ira, ansiedad y depresión son bastante parecidos. Las Cri generadoras de ira ponen de vuelta y media o humillan a los *demás,* mientras que las Cri generadoras de ansiedad nos humillan a *nosotros mismos* y las Cri generadoras de depresión humillan a las *condiciones del mundo.*

Los profesionales de la TREC siguen buscando posibles Cri que la gente tiene y utiliza para enfadarse, volverse ansiosa y deprimirse. Sin embargo, tras un detenido examen, hemos descubierto que podemos clasificar casi todas estas Cri en tres categorías principales, presididas por imperativos obsesivo-dogmáticos: a) *ansiedad y depresión:* «¡*Debo actuar absolutamente* bien y ser aprobado por personas importantes!»; b) *ira y rabia:* «¡*Debéis* tratarme bien y con amabilidad!»; c) *baja tolerancia de la frustración, ira y depresión:* «¡Las cosas *deberían ser* como me gustaría que fueran!». Estos imperativos obsesivo-dogmáticos parecen presidir casi todas las neurosis humanas. Así, cuando no se satisfacen, como es lo más corriente, la gente que «imperativiza dogmáticamente» tiende a sacar varias conclusiones «lógicas»:

1. *Horribilizar:* «¡Es *horrible* que me salgan las cosas tan mal (cuando me *deberían* salir muchísimo mejor)!». «¡Es terrible que me tratéis tan rudamente (cuando *deberíais* tratarme con suma amabilidad)!»
2. *No-lo-puedo-soportar:* «Cuando me tratáis tan mal (cosa que *no deberíais hacer bajo ningún concepto),* no lo soporto». «Cuando las cosas se ponen realmente feas para mí (cosa que *no debería ocurrir bajo ningún concepto),* no lo puedo soportar.»
3. *Condenación:* «Cuando actúo muy mal (cosa que *no debería hacer bajo ningún concepto),* soy una condenada y malvada persona que merece sufrir». «Cuando actúo de manera estúpida e incompetente (cosa que *no debería hacer bajo ningún concepto),* soy una persona inútil y completamente inadecuada.» «Cuando me tratáis mal e injustamente (cosa que *no deberíais hacer jamás bajo ningún concepto),* sois unas personas condenables y absolutamente malvadas.»
4. *Maximalismo, generalización indebida:* «Si fracaso alguna vez en una meta importante (cosa que *no debe ocurrirme bajo nin-*

gún concepto), siempre volveré a fracasar, *nunca* tendré éxito y demostraré que no valgo». «Si me tratáis de manera ruda e injusta (cosa que *no deberíais hacer bajo ningún concepto), sois* unas personas malvadas que *nunca* me trataréis bien.»

Se habrá notado que cuando, como les ocurre a tantas otras personas, nos alteramos o perturbamos, tendemos a utilizar una o más de estas Cri. ¡Y a veces todas ellas! *Horribilizamos* sobre las Adversidades (A) e infortunios. Insistimos en que *no-lo-podemos-soportar.* Nos condenamos o maldecimos a nosotros mismos, a otras personas y a las cosas en general por haber producido dichas adversidades. Generalizamos indebidamente en torno a ellas y las conceptuamos en términos de todo o nada, blanco o negro. No sólo damos *importancia* y *peso* a desafortunados Acontecimientos activadores o adversidades, sino que además los *exageramos enormemente,* los tomamos *demasiado* a pecho.

¿Por qué? Porque esto es lo que tendemos a hacer los seres humanos. No lo que *tenemos* que hacer, sino lo que *tendemos* a hacer. Para mantenernos vivos y ser felices, generalmente damos prioridad a ciertas cosas, como, por ejemplo, conseguir aire y agua suficientes, cobijo, etc. De lo contrario, moriríamos. Pero *preferiblemente* deberíamos priorizar otras muchas cosas, como, por ejemplo, llevarnos bien con los demás, tener algunos amigos íntimos, un trabajo o profesión adecuados, unos objetivos o metas a largo plazo y disfrutar de algunos momentos de ocio. De lo contrario, tendremos dificultades para sobrevivir medianamente bien.

Según la TREC, nuestros *debería/deberías...* son admisibles mientras sean *preferiblemente* eso: «debería/deberías...». Así, podemos creer sensatamente estas cosas: «Yo debería tener éxito *preferiblemente,* lograr la aprobación general y vivir acomodadamente; pero esto *no tiene por qué* ser así. *Puedo* vivir y ser razonablemente feliz aunque fracase, coseche la desaprobación y viva sin comodidades». También podemos creer esto: «Si quiero algunos resultados palpables, como, por ejemplo, conseguir y conservar un buen trabajo, entonces tengo que solicitarlo, superar la entrevista, acudir al trabajo con regularidad, llevarme bien con mis superiores, etc. Pero no es *absolutamente necesario* que consiga un buen trabajo, sino sólo muy *deseable*».

La T EC hace particular hincapié en los malos resultados que generalmente —aunque no siempre— cosechamos de los *imperativos dogmáticos*. Como se ha dicho más arriba, nos perturbamos y entorpecemos a nosotros mismos mediante tres exigencias fundamentales: «Yo *tengo que* hacerlo *absolutamente* bien», «Los demás *siempre tienen que* actuar con amabilidad» y «Las cosas *siempre tienen que salir* como yo quiero que salgan». Si queremos sentirnos innecesariamente disgustados, ansiosos o deprimidos, bastará con que nuestros deseos se conviertan en necesidades asumidas, nuestras preferencias en exigencias e insistencias, y nuestros deseos relativos en dictados absolutos.

Siempre que nos sentimos verdaderamente perturbados emocionalmente, tendemos a recurrir a uno, dos o tres de estos imperativos obsesivo-dogmáticos. Aunque muchos problemas humanos tienen poco o nada que ver con estas exigencias internas, los problemas emocionales suelen ser producto de estas formas de pensamiento y conducta. Tras haber hablado con miles de personas con distintos niveles de perturbación emocional, aún no hemos encontrado a una sola que no sea responsable de crear, con sus dardos verbales autopunitivos, gran parte de sus innecesarias perturbaciones emocionales.

Casi todos los hombres y mujeres tenemos un gran número de Cri importantes, cada una de las cuales suele contribuir a aumentar nuestras dificultades actuales. Como ya se ha señalado, todas estas Cri se pueden incluir en unas cuantas categorías importantes. A continuación describiremos algunas variaciones habituales de las creencias irracionales que contribuyen a causar, o causan ellas directamente, las perturbaciones emocionales.

Logro irracional e imperativo de aprobación

«Tiene que irme bien, tengo que ganar la aprobación de los demás y no ser rechazado nunca; de lo contrario, seré una persona malvada e inadecuada.»

Una vez que creemos esto, como parece creer mucha gente en todo el mundo, solemos sacar la siguiente conclusión lógica: «Como soy una persona malvada o inferior, que raras veces o nunca tendrá éxito en proyectos importantes, ¿para qué me servirá intentarlo?».

Este logro irracional y este imperativo de aprobación son contraproducentes porque a menudo originan fuertes sentimientos de ansiedad, depresión, falta de autoestima y odio contra mismo, así como actitudes de evitación, inhibición, aplazamiento indefinido y otras conductas rehuidoras.

Para empeorar las cosas, cuando nos decimos en plan exigente que *tenemos que* cosechar buenos resultados y ser bien aceptados por los demás, en realidad estamos actuando menos adecuadamente y originando los problemas emocionales y comportamentales antes mencionados. Acto seguido solemos «imperativizar» dogmáticamente sobre estos síntomas de la siguiente manera: «No debo sentir ansiedad. Debo evitar proyectos en los que pueda fracasar». De este modo, creamos unos síntomas secundarios *en torno a* nuestros síntomas primarios —especialmemte ansiedad en torno a nuestra ansiedad y depresión en torno a nuestra depresión—, ¡con lo que ahora estamos *doblemente* contrariados!

Imperativos irracionales respecto a los demás

«Los demás tienen que tratarme *por todos los medios* de manera atenta y afable, tal y como a mí me gustaría que me trataran. Si no lo hacen, son personas malas que deberían ser condenadas y castigadas por su horrible conducta.»

Este imperativo irracional suele ponernos de malas pulgas, por una parte, y, por la otra, suele hacer que nos sintamos indignados, ruines, agresivos y/o vengativos, y, por supuesto, a menudo alienta a la gente que nos cae antipática a tratarnos peor que antes. También podemos decirnos: *«No debo* ser irritable ni vengativo», y luego irritarnos con *nosotros* por habernos irritado con *ellos.*

Imperativos irracionales respecto a las cosas

«El mundo (y la gente que lo puebla) *tiene que* organizarse de manera que yo consiga prácticamente todo lo que quiero de verdad y cuando lo quiera. Y además, las cosas *tienen que* organizarse de manera que no me ocurra lo que no quiera. Asimismo, debo obtener lo que quiera rápidamente y con facilidad.»

Estas exigencias contraproducentes crean en nosotros una baja tolerancia de la frustración y de la mínima incomodidad. Cuando pensamos de esta manera, nos sentimos airados por las circunstancias adversas y a menudo nos rebelamos contra la necesidad de cambiar o de enfrentarnos a ellas. Tendemos a sentirnos deprimidos y desesperanzados, a abandonar y a ahuecar el ala, y a lamentarnos y gimotear porque las cosas son *espantosas* y *no las soportamos*. Luego puede que nos pongamos de vuelta y media por tener una tolerancia de frustración tan baja.

Estas tres Cri básicas presentan, por supuesto, innumerables variaciones. Pero podemos afirmar de nuevo que, cuando las abonamos, nos empujan a recurrir al terribilismo, al no-lo-puedo-soportar, a condenarnos a nosotros mismos y a los demás, y a otras generalizaciones indebidas e ineficaces.

6

Tres apreciaciones sobre las creencias autoencolerizadoras

Empezaremos este capítulo retomando uno de los principios básicos de la TREC, a saber: puede que los demás intenten enrabietarnos, pero, como dijo Eleanor Roosevelt sobre el sentimiento de inferioridad, necesitan nuestro permiso para ello. Por regla general, somos nosotros quienes nos encolerizamos a nosotros mismos. Esto lo hacemos creando Cri (creencias irrazonables) *sobre* la conducta «no equitativa» e «injusta» de los demás. Y ahora pasemos ya a tratar las tres apreciaciones especiales de la TREC sobre nuestras creencias generadoras de ira.

La **apreciación nº 1** es que nuestra ira actual puede tener *cierta* relación con nuestra vida pasada; pero no tanta como los psicoanalistas freudianos y otros psicólogos quisieran que tuviera. Cuando nos sentimos furiosos ahora, en el presente (en el punto C o consecuencia), las Adversidades (A) por las que estamos furiosos *contribuyen* a C, pero no la *causan* directamente. Antes al contrario, son nuestras creencias (Cr) actuales *sobre* las A «injustas» las que por lo general, y directamente, «causan» C. Es posible que nuestros traumas infantiles fueran importantes en este proceso, pero difícilmente se pueden considerar cruciales. Nuestras Adversidades *actuales* y nuestras creencias *actuales* sobre dichos traumas son aún *más* importantes. Por supuesto, esta afirmación discrepa de la mantenida por ciertos terapeutas.

Con ello no pretendemos decir que nuestras experiencias pasadas *no* ejerzan ningún efecto sobre nuestra conducta actual. En este sentido, varios investigadores han descubierto que los niños que son severamente castigados por sus padres tienen tendencia a sentirse más airados y a conducirse de manera más violenta hacia los demás durante toda su vida que los niños tratados de manera menos violenta o severa. Y aunque esto indique que, hasta cierto punto, existe una relación entre los años de formación de una persona y su conducta posterior, creemos conveniente no erigir en postulado esta afirmación.

Es mejor tener también en cuenta posibles factores genéticos, así como posibles influjos medioambientales durante la infancia. Tras la mayor ira y violencia de quienes se han criado en circunstancias hostiles puede esconderse una disposición heredada, pero también adquirida. En efecto, si los padres tienen una tendencia agresiva heredada, la pueden transmitir a sus hijos. En tal caso, los padres pueden reaccionar a la agresividad de éstos con un disciplina férrea. Lo que a su vez quizá refuerce su disposición violenta. Con lo cual se crea un círculo vicioso, en el que la violencia pide más violencia; círculo que la TREC trata de romper.

En la intuición n° 1 se hace hincapié en la importancia de las creencias que tenemos en la actualidad. En la TREC no nos detenemos particularmente en la manera en que adquirimos dichas creencias. Las enseñanzas que recibimos de nuestros mayores durante la infancia pueden ejercer sin duda un gran influjo en nuestras creencias actuales. No obstante, como se ha dicho antes, los humanos podemos cambiar estas creencias, independientemente de cómo las hayamos adquirido. Por eso conviene saber *cómo* hemos adquirido nuestras Cri; pero saber qué son *ahora* mismo y trabajar para cambiarlas es mucho más importante todavía.

Pasemos ahora a la **apreciación n° 2**: independientemente de cómo hayamos adquirido nuestras Cri contraproducentes, las mantenemos vivas cuando nos las *repetimos* nosotros mismos, *reforzándolas* de distintas maneras, *actuando* según ellas y *negándonos* a ponerlas en tela de juicio. Es posible que otras personas nos hayan ayudado a adquirir nuestras Cri e incluso que nos hayan inculcado muchas de ellas. Pero la razón primordial por la que las mantenemos vivas es porque *aún* seguimos «comiéndonos el coco» con ellas.

En la apreciación n° 2 aparecen dos puntos importantes estrechamente relacionados. En primer lugar, perpetuamos nuestras tempranas Cri generadoras de ira al repetírnoslas de vez en cuando y al actuar a menudo según ellas. Al parecer, esto lo hacemos de manera automática o inconsciente; pero, si profundizamos más detenidamente, veremos que seguimos reafirmando *activamente* nuestras Cri. Una vez más, aunque parezca que nuestra ira persiste de manera natural cuando notamos que odiamos a alguien, la realidad es que *la mantenemos viva* activamente al decirnos que la persona en cuestión *bajo ningún concepto debería* haberse portado tan mal y que es malvada por haber actuado así.

En segundo lugar, la TREC nos dice que nuestra inicial frustración, derivada en rabia, tiene poco que ver con el hecho de que mantengamos en pie nuestra ira durante períodos de tiempo prolongados. Nuestra opinión persistente sobre esa frustración inicial nos mantiene siempre airados; el culpable no es el elemento frustrador propiamente dicho.

Supongamos que estamos poseídos de furor porque nuestros padres nos trataron mal de niños. Si aún los odiamos en la actualidad, lo más probable es que repitamos las mismas creencias que nos dijimos a nosotros mismos años atrás: «Me trataron de manera injusta y cruel cuando era niño y *bajo ningún concepto deberían* haberme tratado así. ¡Qué malvados son!»

Pero si no repetimos nuestras Cri sobre nuestra Adversidad inicial, y no nos obligamos por tanto a seguirlas fielmente, lo más probable es que no sigamos airados con nuestros padres aunque, por supuesto, aún recordemos con desagrado lo mal que se portaron con nosotros. Así, la *visión* en curso, o sostenida, de nuestra Adversidad inicial, y no la adversidad como tal, es la que nos *mantiene* básicamente exasperados.

Según la **apreciación n° 3** de la TREC, para cambiar nuestros sentimientos y conductas perturbados, y las Cri que los crean, se requiere por lo general una buena dosis de trabajo y de práctica. En efecto, independientemente de lo conscientes que seamos de la naturaleza contraproducente de nuestras actitudes y acciones irracionales, dicha conciencia no nos sirve de nada a no ser que Disputemos —y actuemos con eficacia contra— tales ideas. Y difícilmente podremos hacer esto sin una buena dosis de práctica y de trabajo.

Todas nuestras creencias, ya sean racionales o irracionales, pueden ser más o menos débiles o fuertes. Por ejemplo, podemos tener ciertas creencias supersticiosas, pero a distintos niveles. Aunque sepamos racionalmente que los gatos negros y los espejos rotos no producen mala suerte, es posible que sigamos evitándolos por creer que es así. Esto muestra que existe una diferencia considerable entre *decirnos* a nosotros mismos que algo es racional y *estar convencidos* realmente de que es así.

Como las creencias tienden a variar en intensidad, es mejor disputar *enérgicamente* nuestras Cri en el punto D (disputar). Por muy conscientes que seamos de que una creencia es irracional, nuestra intuición especial nos servirá de poco si no tenemos cierta destreza a la hora de disputar esta Cri. Y si no Disputamos nuestras Cri *enérgicamente,* tendremos tendencia a seguirlas fielmente. La intuición y el conocimiento, por sí *solos,* suelen tener poco valor.

Recordemos que, cuanto más enérgica y consistentemente Disputemos nuestras Cri generadoras de ansiedad o de ira, antes estaremos en condiciones de cambiarlas. En el siguiente capítulo abordaremos las pautas básicas para examinar y desafiar nuestras Cri.

7

Disputar nuestras creencias autoencolerizadoras

En la TREC, D significa disputar. En primer lugar, están las experiencias activadoras o adversidades (A), que preceden a nuestras consecuencias (C) emocionales o conductuales negativas. En segundo lugar, descubrimos nuestras creencias racionales (Crr) y nuestras creencias irracionales (Cri) sobre nuestras A. En tercer lugar, reconocemos claramente que nuestras Cri ayudan a crear nuestras consecuencias perturbadas o malsanas (C). Y en cuarto lugar, disputamos vigorosa y persistentemente nuestras Cri.

Kishor Phadke, psicólogo que practica y enseña la TREC en Bombay, divide el disputar (D) en tres partes principales, a saber:

Detectar
Diferenciar
Debatir

¡Perfecto! disputar consiste fundamentalmente en detectar nuestras principales Cri, diferenciándolas luego claramente respecto de nuestras Crr y debatiendo estas Cri activa y enérgicamente. Hasta ahora hemos hecho particular hincapié en los principios básicos de la ira y mostrado cómo podemos detectar las Cri que la originan por regla general. A continuación veremos cómo podemos diferenciar de manera persistente y vigorosa nuestras Cri respecto de nuestras Crr para luego debatir nuestras Cri.

Para empezar este proceso de debate, consideremos de nuevo los cuatro tipos principales de creencias irracionales que solemos tener cuando nos encolerizamos con la gente, y notaremos que cada uno de ellos acompaña a —y puede diferenciarse de— las creencias racionales que originan sentimientos negativos *no* airados y sanos cuando alguien nos ofende.

1. *Creencia racional:* «¡Me repatea que me insultes y prefiero decididamente que dejes de hacerlo!». *Creencia irracional: «Bajo ningún concepto debes* insultarme. *¡Nunca deberías* actuar de esta manera tan fea conmigo!».
2. *Creencia racional:* «Como con tus insultos no me estás tratando de manera equitativa, tu conducta es equivocada y lamentable, y te convendría corregirla». *Creencia irracional:* «Como con tus insultos no me estás tratando de manera equitativa, *bajo ningún concepto debes tratarme así;* ¡eres una persona malvada que debería ser condenada y castigada severamente!».
3. *Creencia racional:* «Es muy desagradable que me insultes, y preferiría que dejaras de hacerlo y sintieras remordimientos por ello». *Creencia irracional:* «Es *horrible* que me insultes, ¡es algo que no *debes* hacer! ¡No hay nada peor que eso!».
4. *Creencia racional:* «Me siento tan mal cuando me insultas irresponsablemente que prefiero evitarte en lo posible». *Creencia irracional:* «Me parece muy feo que me insultes de manera tan irresponsable, cosa que no *debes* hacer y que *no aguanto;* me siento angustiado e incapaz de recuperar la alegría vital».

Cada uno de estos enunciados empieza con una *preferencia* racional y acaba con el *imperativo* irracional de que no se nos debe insultar. Así, en primer lugar, conviene ver claramente la diferencia entre estos dos tipos de creencias, para, en un segundo momento, tratar de mantener y defender nuestras Crr mientras disputamos enérgicamente nuestras Cri. Podemos hacer esto de la manera siguiente: utilizaremos de nuevo el ejemplo del piso compartido; podemos insistir en la creencia irracional de que Jack y Joan nos están tratando de manera injusta. «Es terrible que me hayan causado tantas molestias y luego se hayan echado atrás.»

Suponiendo que seguimos a pie juntillas esta Cri y que queremos ponerla en tela de juicio, nos preguntaremos en primer lugar: «¿Por qué es *terrible* que se hayan echado atrás sin una buena razón?». O, de forma más abreviada: «¿Qué es lo que hace *terrible* su comportamiento injusto?» Por supuesto, podríamos demostrar que la conducta de Joan y Jack nos ocasiona bastantes molestias y gastos innecesarios. Sin duda. Pero si sólo es esto lo que nos parece enojoso y desventajoso, nos sentiremos decepcionados y pesarosos, si bien no realmente airados. Nuestro *terribilizar* a propósito de su conducta injusta desencadena nuestro malsano sentimiento de rabia.

El tildar de «feo» o «injusto» el hecho de que Jack y Joan hayan incumplido su trato con nosotros es perfectamente defendible, pues hubo efectivamente un trato, que ellos incumplieron, y nuestras metas e intereses se han visto saboteados con dicho incumplimiento. Pero pretender que su conducta sea *terrible* implica unas creencias suplementarias harto cuestionables:

1. «Jack y Joan me están tratando tan feamente como podría tratarme cualquier otra persona. Nada podría ser peor que esta manera de tratarme.»
2. «Me están tratando cien por cien mal; luego no puedo disfrutar de la vida *en absoluto.*»
3. *«Bajo ningún concepto deberían* tratarme tan mal.»
4. «Al ser amigos, *bajo ningún concepto deberían* tratarme mal, sino que *deberían* tratarme únicamente bien, como *han de* hacer especialmente los amigos.»

Podemos disputar estas creencias dudosas mediante las siguientes preguntas, con sus correspondientes respuestas:

Disputar: «¿Me han tratado Jack y Joan tan mal como podría haberme tratado cualquier otra persona? ¿Es cierto que no hay nada peor que la manera como me han tratado?».
Respuesta: «No. Me han tratado bastante mal, pero podría haber sido peor. Por ejemplo, podrían haberme matado. O podrían haberse mudado a vivir conmigo, y entonces haberme hecho la pascua de mil maneras distintas».
Disputar: ¿Me han tratado realmente cien por cien mal? ¿No puedo, por tanto, disfrutar de la vida *en absoluto?*».

Respuesta: No. *Muy* mal, sí; pero cien por cien mal, no. Además, por muy mal que me hayan tratado, si dejo de encolerizarme por su mala conducta, aún *puedo* seguir disfrutando de la vida, aunque no tanto como si me hubieran tratado equitativamente».

Disputar: «¿Hay alguna razón por la que *bajo ningún concepto no deban* tratarme tan mal como me han tratado?».

Respuesta: «Por supuesto que no. Hay muchas razones por las que no es deseable que me traten de esta manera. Pero ellos *deberían* actuar de manera indeseable cuando lo hacen. Obviamente, esto forma parte de su naturaleza. *Tienen* que obrar mal cuando obran mal. Sea lo que *sea,* ha de *ser* ahora mismo. Y eso sí que *es* malvado».

Disputar: «¿Es cierto que, por ser amigos, *bajo ningún concepto deben* tratarme mal, considerando que los amigos *no deben* hacerlo?».

Respuesta: «¡Bobadas! Los amigos pueden tratarme tan mal como cualquier otra persona, como de hecho ya ha ocurrido varias veces. Por supuesto, estos "amigos" concretos no lo son tanto como yo creía. En fin, tampoco *tienen* por qué serlo. La próxima vez probablemente decida compartir piso con otros que no sean mis amigos».

Si seguimos Disputando enérgica y persistentemente nuestra «terribilización» y «deberización» porque la gente nos ha tratado —o *creemos* que nos ha estado tratando— de manera desagradable e injusta, seguiremos teniendo sentimientos claramente negativos. Por supuesto, la TREC no trata de hacernos «racionales» en el sentido de hurtarnos nuestros sentimientos. ¡En absoluto! Antes bien, nos alienta a tener muchos sentimientos negativos cuando las cosas van mal —o cuando las hacemos ir mal—; a tener, por ejemplo, sentimientos de lástima, pesar, decepción, frustración, enfado e irritación. Pero se trata de sentimientos negativos *sanos* que nos ayudan a hacer frente a las Adversidades, a vencerlas tal vez, y, si es necesario, a aceptarlas elegantemente y a saber convivir con ellas. Por tanto, no se trata de reprimir ni ahogar todos nuestros sentimientos.

Se trata, antes bien, de, por una parte, saber distinguir entre nuestros sentimientos negativos *malsanos* —como, por ejemplo, el pánico, la depresión y la autoconmiseración— y nuestras emocio-

nes negativas *sanas,* y, por la otra, de disputar solamente la «deberización» y «terribilización» que subyacen a los sentimientos malsanos. Una vez que hayamos aprendido a disputar y a cambiar las
«deberizaciones» y «terribilizaciones» que generalmente los acompañan, nos será bastante fácil mantener esta sana disposición durante el resto de nuestra vida.

Formulario de autoayuda de la TREC

La TREC, como insistimos a lo largo de este libro, nos enseña
muchos métodos mentales, emocionales y conductuales para entrar
en contracto con —y reducir— la ira destructiva (y otras emociones contraproducentes) y nos alienta positivamente a practicar cierto número de ejercicios para aplicar estos métodos.

El principal trabajo mental que podemos hacer para minimizar
nuestras reacciones airadas consiste en rellenar regularmente el
Formulario de autoayuda de la TREC que se incluye en el apéndice, adaptación de un formulario inglés ideado por Windy Dryden y
Jane Walker.

Para cumplimentar mejor el Formulario de autoayuda de la
TREC (con objeto de combatir nuestro problema específico relacionado con la ira), hemos incluido asimismo un formulario-mues-
tra en el apéndice.

8

Otras ideas para liberarnos de la ira

El «antiterribilismo» y el «antideberismo» son fundamentales para arrancar de raíz nuestros sentimientos de ira, rabia, rencor y furor. Los humanos «terribilizamos» y «deberizamos» de muchas maneras distintas, y, una vez que nos hemos convencido de que algo es *terrible* y no *debe* existir tal y como existe, frecuentemente nos convencemos también de otras Cri (creencias irracionales) relacionadas con esta convicción. Veamos algunas otras irracionalidades y la manera de minimizarlas.

Como ya hemos visto anteriormente, la TREC cualifica una de estas creencias con el nombre de *no-lo-puedo-soportar*. Frecuentemente encontramos este tipo de terribilización en afirmaciones como: «Como *no debes* tratarme injustamente, pero de hecho me tratas así, no soporto *que me trates de esa manera*».

Lo que en la TREC llamamos parte Debatidora del disputar consiste en la formulación de preguntas cuestionadoras de nuestras Cri. Los principales cuestionamientos se reducen a estas preguntas: «¿Por qué?», «¿Cómo?», «¿De qué manera?», «¿Qué pruebas existen al respecto?», «¿Dónde puedo encontrar la prueba?». Así, una buena pregunta sería: «¿Por qué o cómo es que no soporto este trato injusto?».

Cuando nos entra rabia porque Joan y Jack han incumplido su compromiso de compartir piso con nosotros, podemos decirnos igualmente a nosotros mismos: «Me han tratado de manera muy fea y me han causado muchos perjuicios innecesarios, y *no soporto* que me hagan esto a mí».

Ahora nos podemos formular la siguiente pregunta: «*¿Por qué no lo soporto?*». Probablemente nos parezca intolerable la situación porque creemos haber experimentado *demasiado* dolor, *demasiado* sufrimiento por la acción injusta de Jack y Joan. De modo que hemos convertido *mucho* dolor y fastidio en *demasiado* dolor y fastidio. El término «demasiado», tal y como lo empleamos aquí, parece tener una connotación más o menos mágica. Suponemos que sólo podemos permitir a Jack y Joan causarnos *mucha* dificultad y fastidio, pero *no más*. Por tanto, definimos el fastidio que nos ocasionan en términos de *demasía*. ¿Por qué es demasiado fastidio? Porque lo decimos nosotros, pero no por ninguna razón precisa o empírica. La mayoría de la gente convendrá con nosotros en que Joan y Jack nos han causado *mucha* frustración. Pero... ¿*demasiada*? ¿Quién dice esto? Respuesta: sólo nosotros.

En efecto, siempre que creemos que alguna frustración es *demasiada* y que, por tanto, no la soportamos, padecemos no sólo esa frustración, sino también una Baja tolerancia de la frustración (Btf). La Btf es la tendencia a despotricar a causa de —más bien que sentir simplemente aversión hacia— la frustración. Esta tendencia nos hace sentir mucho más frustrados que si no la tuviéramos.

Si Debatimos, y seguimos debatiendo, nuestro «no-lo-puedo-soportar», llegaremos a una actitud más práctica para hacer frente a la frustración. Podemos *negarnos* a creer todas las cosas que creemos. No controlaremos del todo lo que existe realmente, pero sí podremos controlar —casi por completo— lo que *creemos sobre* lo que existe. Así, si bien por una parte no ejercemos prácticamente ningún podremos controlar sobre la manera como nos tratan Jack y Joan (de manera equitativa o no, bien o mal), por la otra existe un abanico de posibilidades sobre la manera como consideramos su actuación. Por ello, aunque tachemos sus acciones de muy injustas, y otros convengan en que hemos sido tratados realmente de muy mala manera, nadie nos impedirá adoptar esta Nueva filosofía eficaz (E):

1. «*Aguanto* esta injusticia, aunque nunca me gustará.»
2. «Es una pena, pero *no es terrible.*»
3. «Desde luego sería *preferible* que Jack y Joan me tratasen de manera equitativa; pero, obviamente, no *tienen* por qué hacerlo.»
4. «No son personas *malvadas,* sino personas que a veces me tratan malvadamente.»

Debatamos ahora otra Cri: «Como Jack y Joan me tratan de manera injusta, cosa que *bajo ningún concepto deberían hacer jamás,* son unas *personas horribles y condenables* que no merecen nada bueno en esta vida». ¿Cómo podemos disputar esta Cri y, con ello, seguir odiando la *conducta de* Jack y Joan pero sin odiarlos a *ellos* de manera absoluta y duradera? ¿De qué manera?

Ante todo se impone desechar, una vez más, nuestra insensata creencia de que Joan y Jack *deben* actuar *absolutamente* de manera amable y moral. Como actúan en contra de las normas habituales de nuestra cultura, podemos sacar la conclusión legítima de que sus actos son «equivocados», «injustos» o «inmorales». Por tanto, podemos concluir también diciendo: *«sería mejor* si actuaran de manera correcta, equitativa y moral; pero obviamente no *tienen* por qué hacerlo». Como hemos explicado en el capítulo anterior, conviene Debatir primero activamente el grandioso «deberismo» que estamos dirigiendo frívolamente contra Joan y Jack.

Cuando hayamos renunciado a dicho «deberismo» respecto a nuestros dos «amigos» y al trato injusto que nos han dispensado, cuestionaremos más fácilmente el hecho de condenarlos como *personas* por haber actuado tan mal. Siempre que sentimos rabia por la acción de alguna persona, tenemos tendencia —una tendencia muy humana— a equiparar su *acto* con su *yo* y a darle una cualificación *global* negativa. Ya hemos hablado antes de esto, pero como el hecho de «anticondenar» a la gente es tan importante para la salud emocional, incidiremos en este tema de manera más detallada.

En realidad, como mostró brillantemente Alfred Korzybski en 1933 en su libro *Science and Sanity (Ciencia y sano juicio),* no hay ni gente buena ni gente mala, pues una «persona buena» sólo —y siempre— realizaría actos buenos —y nunca malos—. Pero los mismos santos cometieron también alguna que otra mala acción. Por otra parte, una «persona mala» sólo podría cometer actos viles. Pero incluso Hitler y Stalin realizaron algunas buenas acciones. Las evaluaciones *generales* o *globales* de cualquier persona son generalizaciones indebidas que inducen a error al retratar a los humanos en blanco y negro, lo que no se corresponde en absoluto con la realidad, que es de por sí multicolor.

Así pues, aun cuando Jack y Joan puedan habernos tratado verdaderamente mal, no podemos en rigor tildarlos de *personas* extremadamente malas. Sin duda tendrán también algunos aspectos buenos. No deja de resultar irónico el hecho de que, cuando nuestro odio nos induce a condenarlos por su conducta injusta, nosotros mismos estamos actuando de manera injusta con ellos... No son piojos, sabandijas ni demonios. No son infrahumanos. Seamos realistas: son seres humanos falibles, cargados de problemas personales. ¿Y quién de nosotros no es así?

Otra cosa igualmente importante: si tachamos globalmente a Joan y Jack de *malvados o despreciables,* ¿cómo nos evaluaremos a *nosotros mismos* cuando actuemos de manera estúpida, fea o injusta? Con mala nota sin duda, pues, si condenamos a los demás por sus errores, ¿no nos condenaremos también a nosotros mismos —a toda nuestra yoidad— por *nuestros* propios fallos? Reflexionemos un poco sobre esta peliaguda cuestión.

En otras palabras, el odiar a los demás como *personas* roza bastante el odio hacia uno mismo o *auto*odio. Por supuesto, debemos reconocer nuestros errores, faltas y malas acciones. Pero si nos ponemos de vuelta y media *a nosotros mismos* por haberlos cometido, ¿cómo unos *ceporros* como nosotros van a poder corregir sus errores? ¿Cómo puede una persona malvada no actuar malvadamente en el futuro? Difícil parece...

Lo propio cabe decir de Jack y Joan. Si son realmente despreciables y condenables por habernos tratado mal, ¿cómo pueden —y no sólo ellos, sino cualquier otro «delincuente»— cambiar y corregir en el futuro su modo de actuar? ¿Cómo, si se puede saber? Al ponerlos de vuelta y media por sus deficiencias los tornamos imperdonables, presumiblemente los condenamos a realizar sólo malas acciones por siempre jamás. De nuevo, ¿es esto un juicio global realmente equitativo sobre ellos?

Por eso la TREC contrapone los conceptos de autoestima y autocondena, lo mismo que los de endiosar y condenar a los demás. La autoestima, tal y como se suele entender en la actualidad, implica y parece realmente incluir la autocondena, pues, si nosotros mismos nos estimamos y gustamos por hacer cosas rectas, buenas o hermosas, con toda probabilidad no nos gustaremos y nos odiaremos cuando realicemos —cosa que *sin duda* ocurrirá— acciones feas, malas e impropias.

El mismo concepto es extensible a los demás. Si estimamos a los demás cuando obran bien, tenderemos a odiarlos cuando se comporten mal. Así no llegaremos muy lejos, y es probable que nos tornemos unas personas airadas, furiosas y vengativas. Entonces, ¿cómo irán nuestras relaciones amistosas y de colaboración y ayuda mutua con los demás? ¡No por el buen camino, precisamente!

¿Podemos sentirnos airados legítima y útilmente por algunas de las cosas que *hacen* Jack, Joan y otras personas y, sin embargo, no sentirnos airados con *ellos* por tales acciones? Sí. Podemos sentir lo que denominamos «ira racional» cuando estamos muy enfadados y disgustados únicamente con los pensamientos, sentimientos y acciones de la gente, pero no con la gente *como tal* por tener dicha conducta. Pero, ¡atención!, casi siempre que sentimos ira o rabia por lo que hace la gente, en cierto modo estamos pasando subrepticiamente a establecer que la *gente* no debería actuar bajo ningún concepto de esa manera y que, consiguientemente, la *gente* —al igual que sus actos— no es cien por cien buena. Pero si lo que queremos decir realmente es: «Estoy muy enfadado por lo que Jack y Joan me *hicieron,* pero *los* acepto como seres humanos falibles y patosos que han hecho una *cosa* mal», habremos dicho algo consecuente, *siempre y cuando,* claro, sintamos realmente lo que decimos.

Según la TREC, con frecuencia hacemos malabarismos para (erróneamente) evaluarnos a nosotros mismos; no para mostrar que de hecho somos humanos, sino para probar que somos sobrehumanos o superiores a prácticamente todos los seres humanos. Cuando anhelamos la «autoestima», lo que anhelamos realmente es la perfección, lo divino, una clara superioridad y la nobleza. No sólo damos a entender que algunos de nuestros *rasgos* son mejores que los rasgos de los demás, sino que nosotros, o lo que es lo mismo, nuestra esencia, es mejor que las esencias de los demás. También podemos dar a entender que, si no destacamos más que otros humanos y no somos universalmente admirados, tendremos muy poco o ningún valor real.

Curiosamente, cuando hacemos algo mal, solemos conceptuarnos como personas un tanto inútiles. Sin embargo, solemos aceptar a los demás cuando exhiben las mismas deficiencias. Por ejemplo, si escribimos un ensayo malo, a veces nos da por considerarnos como unos negados que nunca lograrán escribir bien. Sin embargo, si alguien escribe igual de mal, solemos aceptar fácilmente su imperfección.

No estamos poniendo aquí en tela de juicio nuestra capacidad para evaluar y juzgar rasgos y características específicas nuestras y de los demás. Nos puede gustar o disgustar apasionadamente algo concreto que hemos escogido. Pero no extendamos inebidamente un juicio nuestro sobre un rasgo particular de una persona a *otros* ámbitos de su carácter global.

Recordemos de nuevo la teoría de la TREC respecto a la manera injusta como Joan y Jack nos han tratado al incumplir su compromiso de compartir piso con nosotros:

Experiencia activadora o adversidad (A): Jack y Joan nos tratan de manera injusta al incumplir el trato que hicieron con nosotros.

Creencia racional (Crr): «Encuentro su acción deplorable y desafortunada. No me gusta».

Consecuencia negativa sana (C): nos sentimos frustrados y decepcionados.

Creencia irracional (Cri): «¡Es terrible! *¡Bajo ningún concepto debían* haberme tratado de esta manera!».

Consecuencia negativa malsana (C): nos sentimos enfadados y enfurecidos.

Disputar y debatir (D): Detectamos nuestras Cri y empezamos a disputarlas y debatirlas haciéndonos algunas preguntas sobre ellas: «¿Por qué es *terrible* que no sean equitativos? ¿Dónde está escrito que *no deban serlo bajo ningún concepto?*».

Efecto Cognitivo o Nueva filosofía (E): «No veo ninguna razón por la que *deban* tratarme equitativamente, aunque no cabe duda de que yo lo *preferiría*. Es una pena que me traten de manera injusta, pero puedo aguantarlo y vivir con normalidad».

Efecto conductual (E): pérdida de la ira, alivio y vuelta a las consecuencias negativas sanas: sentimientos de pesar y decepción.

Hasta que no hayamos asimilado bien estos principios, practicándolos una y otra vez con asiduidad y determinación, tendremos tendencia a recaer en nuestras Cri y en nuestras consecuencias negativas malsanas. Sólo con la práctica continua lograremos arrancar de raíz nuestras Cri, y aun así nunca de una manera absolutamente definitiva. A menudo tendremos tendencia a volver a nuestros antiguos hábitos disfuncionales, tendencia por cierto bastante corriente en todos los humanos. Difícilmente alcanzaremos la perfección; pero, siguiendo los métodos de la TREC, estaremos en condiciones de reconocer nuestras Cri y nuestras consecuencias negativas malsanas. Y asimismo mejoraremos el Debatir y disputar de nuestras Cri, las cuales conseguiremos minimizar en buena parte.

Las filosofías de la aceptación incondicional de uno mismo y de la aceptación incondicional de los demás nos servirán para reconocer nuestro potencial como seres humanos al tiempo que nuestras deficiencias personales, que nos esforzaremos en corregir. La TREC nos ayuda a juzgar los malos pensamientos, sentimientos y acciones de los demás sin condenarlos a *ellos* personalmente por sus conductas desafortunadas o perjudiciales. Tenemos perfecto derecho a enfriar nuestras relaciones con determinadas personas cuando, a nuestro parecer, se han conducido mal. Pero tratemos de pensar que estas personas *preferiblemente no deberían* —en vez de *bajo ningún concepto deberían*— haber actuado de la manera como lo han hecho.

9

Métodos «emotivos» para liberarnos de la ira

En este capítulo abordaremos algunos de los métodos emotivos empleados en la TREC para reducir nuestra ira. Por «emotivos» entendemos modos enérgicos, implacables y a veces espectaculares de interrumpir y cambiar nuestra ira centrándonos en nuestros sentimientos o deseos. Como veremos en el capítulo siguiente, hay determinados métodos «conductuales» que pueden tener algunos elementos en común con los métodos emotivos, si bien tienden a hacer mayor hincapié en las acciones que en los sentimientos. También tendemos a servirnos de ellos con menor contundencia o dramatismo.

El primero, y tal vez el más importante, de los métodos emotivos para superar la ira y otros problemas emocionales consiste en la incondicional aceptación de uno mismo. Esto entraña el decidido propósito de aceptarnos plenamente, independientemente de lo que podamos hacer, incluso permitir insensatamente que la ira se apodere de nosotros.

Para quien venga a vernos con la intención de recibir tratamiento según la TREC, y nos diga que sigue dejando que se apodere de él la ira, trataremos de ser un ejemplo —mediante una actitud y conducta correctas— de lo que hemos dado en llamar la *aceptación incondicional*. Así, estaremos de acuerdo con él/ella en cuanto al carácter destructivo de su ira, pero lo aceptaremos como un ser humano con una pobre conducta, y en ningún momento se nos ocurrirá ponerlo de vuelta y media. Nuestra aceptación a pesar de su conducta podría animarle perfectamente a aceptarse a sí mismo y a dedicar más tiempo y energías para cambiar de conducta. Pero, aun cuando ningún terapeuta lo aceptara, y todo el mundo tendiera a criticarlo sin contemplaciones, ese alguien podría aceptarse aún a sí mismo plenamente por muy mal que hubiera actuado. Mientras que, si se toma a pecho las críticas de los demás, y conviene con ellos en que es una persona despreciable, es que ha *decidido* aceptar esas ideas que la gente tiene sobre él.

¡No lo olvidemos! Podemos escuchar pacientemente a nuestros críticos, reconocer plenamente sus opiniones negativas sobre nosotros y conceptuar nuestra *conducta* como mala, y, sin embargo, no conceptuarnos a nosotros mismos como unas *malas personas* por haber actuado mal. Asimismo, si tendemos a condenarnos por nuestros sentimientos y actos malos, podemos decidir *no* aceptar tales tendencias, sino aceptarnos con todos nuestros fallos. Esta decisión, tomada resueltamente, es un método emotivo de elección propia.

Cuanto más decidida, enérgica y firmemente nos aceptemos a nosotros mismos y nos neguemos a ponernos de vuelta y media, independientemente de lo que hayamos hecho, más *sentiremos* la autoaceptación. Podemos acceder a este tipo de sentimiento positivo escuchando las alabanzas que nos tributan otras personas y haciéndolas nuestras. Pero también podemos conseguirlo *decidiendo* simplemente tenerlo; sí, decidiendo aceptarnos a nosotros mismos *con* todos nuestros defectos.

El siguiente paso que hay que dar es trabajar asiduamente para *mantener* estos sentimientos de autoaceptación. Creemos firmemente en una idea no sólo porque se nos ha ocurrido sin más, o porque ciertas personas no dejan de repetirla, sino porque *trabajamos* repitiéndonosla una y otra vez a nosotros mismos.

Incluso cuando tenemos una idea *físicamente* predispuesta o preestablecida de algo, como, por ejemplo, que la tarta sabe bien y el filete no, no dejamos de repetirnos esta idea a nosotros mismos muchas veces, y así nos demostramos —especialmente cuando comemos tarta— lo buena que está sobre todo en comparación con el filete. Solemos poner una buena dosis de esfuerzo para avalar una determinada idea («La tarta está buenísima») y verificar una idea opuesta («El filete no está bueno»). De esta especie de trabajo y práctica permanente surge nuestro decidido —y sumamente emotivo— convencimiento sobre el mejor sabor de la tarta.

De manera parecida, también podemos tratar de aceptarnos plenamente a nosotros mismos con nuestra rabia, si es que la tenemos; y cuantas más veces y con más fuerza trabajemos con vistas a esta aceptación, mejor nos sentiremos con nosotros mismos. En la TREC se da por supuesto que la ira nos sienta generalmente más mal que bien, y que, al saber esto, preferiremos reducirla. Se supone asimismo que el abandono de nuestras Cri es muy importante para minimizar la ira y disfrutar de una vida más feliz. También se hace particular hincapié en aceptarnos plenamente a nosotros mismos al tiempo que renunciamos a nuestra ira y nos repetimos con frecuencia esta autoaprobación.

Otra técnica emotiva es la Imaginería Emotiva Racional (IER), creada por el doctor Maxie C. Maultsby Jr., psiquiatra de la conducta racional. La TREC adapta la IER de la manera siguiente: en primer lugar, imaginamos un acontecimiento o serie de acontecimientos negativos que generalmente influyen en que nos sintamos airados o contrariados de alguna manera. Por ejemplo, imaginamos que Joan y Jack no sólo se han negado a compartir piso con nosotros e incumplido su trato de manera indebida, sino que además van más allá y niegan que hayan hecho alguna vez semejante trato con nosotros. Afirman categóricamente que nosotros nos hemos inventado toda esta historia con objeto de conseguir su aceptación de compartir piso.

Imaginemos ahora esta experiencia negativa, o cualquier otra experiencia propia, que concite intensos sentimientos perturbados. Así, si pensamos que Jack y Joan se han echado atrás en su trato con nosotros y niegan haber hecho jamás semejante trato, lo más probable es que montemos en cólera. En vez de evitar nuestros sentimientos coléricos y otros igualmente perturbados, dejémoslos estallar con toda su intensidad; *sintámonos* ciegos de ira «a pierna suelta».

Tras haber experimentado real y verdaderamente nuestra rabia durante cierto tiempo, empujémonos —sí, tratemos de empujarnos realmente— a cambiar estos sentimientos. Utilicemos lo aprendido hasta ahora en la TREC y sigamos paso a paso todos sus principios básicos. Si sentimos una ira sorda, no creamos que no podemos cambiar este sentimiento hablando con nosotros mismos, pues sí podemos. Podemos cambiar nuestros sentimientos perturbados en casi cualquier momento si nos ponemos realmente manos a la obra; es decir, si entramos en contacto con nuestro sentimiento de ira instintivo y visceral y nos empujamos a cambiar de tal manera que experimentemos sentimientos negativos diferentes, y más sanos, como, por ejemplo, los de decepción e irritación por la conducta de Joan y Jack. Nos repetimos que tenemos la capacidad suficiente para hacer estos cambios emocionales. Por tanto, intentémoslo de verdad; concentrémonos en ello con todas nuestra fuerzas.

Tras habernos empujado a sentir las consecuencias negativas sanas de la decepción y la irritación por lo que han hecho con nosotros Jack y Joan, en vez de condenar*los* a *ellos* personalmente por sus actos, examinemos detenidamente lo que hemos hecho para producir estos cambios y tratemos de visualizar o repetir los pasos exactos de nuestro proceso mental. Notaremos que, en cierto modo, hemos cambiado nuesto sistema de creencias (en el punto Cr) y que con ello hemos modificado también nuestras consecuencias emocionales (en el C). Probablemente habremos realizado este cambio en nuestros sentimientos diciéndonos: «Bueno, nunca me gustará que hayan dado marcha atrás y negado que hubiéramos hecho trato alguno, pero no cabe duda de que tienen derecho, como seres humanos que son, a equivocarse y a actuar de manera nociva para con los demás». O también: «Sin duda me han hecho la pascua con su conducta injusta, pero mi vida no se acabará por eso. ¡Es un fastidio, pero no tengo por qué considerarlo *tan* malo.»

Veamos lo que hemos hecho examinando detenidamente qué cambios importantes hemos realizado en nuestro sistema de creencias. Seamos plenamentes conscientes de las nuevas Crr que crean nuestras nuevas consecuencias (C) negativas sanas respecto a nuestras experiencias activadoras (A) desagradables: que Jack y Joan han actuado de manera injusta con nosotros y luego han negado haber actuado así.

Si nuestros sentimientos airados no cambian mientras nos esforzamos por experimentar sentimientos más sanos, no nos demos por vencidos. Sigamos fantaseando con las mismas experiencias o acontecimientos desagradables y trabajando con nuestros sentimientos emocionales hasta que convirtamos estas emociones malsanas en emociones negativas sanas. Somos nosotros los que creamos y controlamos nuestros sentimientos y, por tanto, *podemos* cambiarlos.

Una vez que somos capaces de sentirnos decepcionados o irritados en vez de airados, y que vemos exactamente qué creencias hemos cambiado para hacer que nos sintamos mal pero no perturbados emocionalmente, conviene seguir repitiendo el proceso. Nos esforzaremos por nos sentirnos airados, luego nos sentiremos decepcionados y fastidiados, pero no airados. Después examinaremos de nuevo qué es exactamente lo que hicimos para desencadenar estos cambios y seguiremos haciendo esto una y otra vez hasta que el proceso nos sea familiar y cada vez menos difícil de llevar a cabo.

Si practicamos la IER unos minutos al día durante varias semanas, lo normal es que lleguemos a un punto en el que, siempre que pensemos en el acontecimiento que desencadenó nuestra ira, o siempre que este acontecimientos ocurra realmente, tenderemos automáticamente a sentirnos sanamente decepcionados o enfadados más bien que malsanamente enfurecidos.

Si nos cuesta mucho trabajo practicar la IER todos los días, podemos incentivarnos concediéndonos, cuando la practiquemos, alguna recompensa personal que sea de nuestro particular agrado. Los días que no ejercitemos la IER, podemos privarnos de algo que nos guste o castigarnos realizando alguna tarea que nos resulte desagradable.

Muy pocas veces nos hemos encontrado con alguien que no pudiera practicar con éxito la IER para reducir su ira. Los cientos de personas a las que hemos alentado a utilizar este método, y que trabajaron con él con total entrega, fueron capaces en su gran mayoría de reducir de manera significativa sus tendencias a enfurecerse por los más diversos tipos de experiencias desafortunadas.

También podemos utilizar la IER para crear sentimientos placenteros o buenos hacia la gente que nos alejen de —y ayuden a superar— nuestros sentimientos agresivos. R. W. Ramsay, terapeuta de la conducta cognitiva de la Universidad de Amsterdam, ha realizado algunos experimentos en este sentido empleando una técnica que él denomina ejercicio emocional. Aplicado a la ira, podríamos adaptar este ejercicio emocional de la siguiente manera.

Pensemos en una experiencia intensamente agradable que hayamos tenido con la persona con la que ahora nos sentimos enrabietados. Cuando hayamos fantaseado con dicha experiencia agradable y concitado unos sentimientos inhabitualmente buenos e intensamente cálidos hacia dicha persona como resultado de estos recuerdos, prosigamos el proceso. Recordemos experiencias agradables y sentimientos buenos, y tratemos de que estos sentimientos se sobrepongan a nuestros sentimientos hostiles.

La IER y el entrenamiento placentero se rigen por los mismos principios que los enunciados personales generadores de hostilidad que nos llevaron inicialmente a producir nuestras Cri. Abandonados a nuestros propios recursos, no sólo crearemos ira y rencor hacia los demás, sino que además seguiremos practicando sin cesar estos sentimientos hasta que sigan surgiendo de manera «natural» o espontánea. Aunque no nos demos cuenta, hacemos este tipo de práctica siempre que creamos emociones negativas malsanas. Por la misma regla de tres, podemos tratar de lograr emociones negativas sanas, como hacemos en la IER, o de sentir emociones positivas o placenteras, como en la técnica del entrenamiento emocional de Ramsay. Somos realmente libres de elegir lo que sentimos, y, si utilizamos de manera activa estos métodos, nos costará menos trabajo experimentar sentimientos no airados.

Los famosos ejercicios para la TREC de *combatir la vergüenza* y *correr riesgos* sirven para ayudarnos a superar el sentimiento de odio hacia nosotros mismos; pero pueden servir también para reducir la ira. Cuando yo (A.E.) creé estos ejercicios, me di cuenta de que la mayoría de las personas se alteran cuando se sienten avergonzadas: avergonzadas de hacer algo malo o de que los demás sean testigos de sus malas acciones y se formen una mala opinión de ellas. Utilizando la TREC, los terapeutas intentamos que los clientes hagan cosas que consideran arriesgadas, vergonzosas, bochornosas o humillantes, como, por ejemplo, decir a unos desconocidos que (ellos, el paciente) acaban de salir de un centro de salud mental, decir a voz en grito la hora que es o vestir de manera extravagante; así se dan cuenta de que estos actos «vergonzosos» no han hecho realmente que se sientan turbados ni les han ocasionado el odio hacia sí mismos, a no ser que ellos hayan *decidido* sentirlo. También se pueden dar cuenta de que tales actos no suelen dar pie a que los demás los desprecien, como piensan las personas «avergonzadas». Otros se olvidan enseguida de estos actos y raras veces se preocupan en exceso por ellos. Si nos sentimos terriblemente avergonzados o turbados por algún acto inofensivo —como cantar en público—, podemos intentar alguno de ellos hasta que veamos que no sólo somos capaces de hacerlo, sino que además estamos reduciendo nuestra propensión a la turbación. ¡Y hasta es posible que esta práctica nos resulte divertida!

Algunas veces podemos encubrir con la ira nuestros sentimientos de vergüenza o turbación, al usar el método contra la ira descrito más arriba para dejar de sentirnos avergonzados o airados. Supongamos, por ejemplo, que en un restaurante de categoría, el servicio es malo y nos da vergüenza quejarnos por miedo a que el camarero nos trate con desdén o tal vez haga alguna observación denigrante en voz alta sobre nuestra persona. Obliguémonos a hablar sin ira al camarero sobre el servicio deficiente y pidámosle incluso que haga algo que normalmente no le pediríamos, como, por ejemplo, que nos traiga otra sopa que no esté tan fría. Al actuar así, nos percataremos de que no se trata de un acto intrínsecamente «vergonzoso», de que el camarero es también una persona falible y de que, una vez expresado nuestro desagrado por su conducta, no tenemos por qué condenarlo a él personalmente por ello.

De manera parecida, si tendemos a sentir agresividad hacia las personas que parecen actuar de manera poco amigable con nosotros, hagamos un esfuerzo especial «vergonzosamente» y vayamos al encuentro de algunas de ellas: irrumpamos en una conversación que estén manteniendo con alguna otra persona o insistamos en que las hemos visto antes en alguna otra parte aunque esto no sea cierto. Esforzándonos por vencer nuestra vergüenza, probablemente descubramos que a veces inventamos parte de la «antipatía» de otra persona como protección contra la vergüenza que nos produce encontrarnos con ella.

Los ejercicios de correr riesgos y combatir la vergüenza de este género son acciones resueltas. Es importante ejercitarnos en la práctica regular de la resolución o conducta resuelta, que la TREC viene defendiendo desde sus inicios como una manera excelente de eliminar o atemperar los sentimientos de ira. En efecto, así como la ira brota frecuentemente de sentimientos de vergüenza, también brota a menudo de sentimientos de irresolución profundamente arraigados. Por ejemplo, nos gustaría decir no a la petición de un amigo, pero nos cuesta trabajo imponernos en esta situación. Tal vez tengamos miedo a vernos rechazados si no le complacemos; así, decidimos renunciar a nuestros deseos para secundar los de nuestro amigo. Pero como no somos resueltos, podemos odiarnos fácilmente a nosotros mismos por actuar de manera tan débil y enfadarnos con nuestro amigo por habernos dejado «manipular» por él.

Si nuestra irresolución nos lleva a la ira, podemos superarla ejercitándonos en actuar de manera más resuelta. Así, si nos negamos firmemente a seguir el juego de los individuos que intentan que actuemos así, no actuaremos con debilidad, no tendremos razón alguna para condenarnos y evitaremos condenar a los otros por obligarnos a hacer lo que no queremos.

La práctica de la conducta resuelta, si bien entra dentro de los métodos conductuales para combatir la ira (que estudiaremos en el capítulo siguiente), es también una técnica emotiva. Si queremos decir a alguien claramente que no pero le decimos que sí por temor a su rechazo, podemos obligarnos a decir no hasta que nos sintamos bien de manera natural sin haber cedido una pizca de terreno.

Aquí, el principal elemento emotivo estriba en obligarnos a comportarnos de manera distinta a como lo solemos hacer habitualmente. Como ya hemos dicho en páginas anteriores, el pensamiento y la actividad «emocionales» son conductas fuertes, enérgicas y con una determinación muy clara. Cuando nos sentimos emotivos, queremos con todas nuestras fuerzas que las cosas ocurran de determinada manera, y nos sentimos motivadísimos para conseguir lo que queremos o evitar lo que no queremos. Emocionalmente, tendemos *poderosamente* hacia —o nos alejamos de— distintas personas y cosas. Asimismo, obligarnos a cambiar nuestra conducta (especialmente cuando tenemos dificultades para hacerlo) es una forma emotiva y drástica de automodificación. La práctica de la conducta resuelta consiste frecuentemente en este género de implicación emocional.

En la TREC siempre hemos utilizado algunas de las técnicas del psicodrama (representación en grupo de obras argumentales) creadas originalmente por J. L. Moreno y adaptadas posteriormente por Fritz Perls y demás terapeutas de la Gestalt. Pero mientras que Moreno, Perls y otros tienden a emplear estas técnicas básicamente con fines catárticos —para revivir experiencias emocionales de la infancia—, nosotros solemos emplearlas de una manera más conductual.

Supongamos, a modo de ejemplo, que queremos enfrentarnos a alguien con firmeza pero sin ira, y que tenemos dificultad para hacerlo. El director de nuestro grupo de terapia puede decirnos que intentemos expresar los sentimientos que tenemos sobre esta situación. Entonces nosotros representamos un papel, y otros componentes de nuestro grupo representan el papel de la persona a la que queremos enfrentarnos. Efectuaremos este enfrentamiento, y los componentes de nuestro grupo de terapia harán luego una crítica de nuestra representación, comentando si hemos hablado a) con demasiadas vacilaciones, b) con demasiada sinceridad, c) con agresividad en vez de con resolución, o d) de manera adecuada. Si hemos actuado bien, podemos repetir la actuación varias veces para mejorarla y acostumbrarnos a ella. Si hemos actuado defectuosamente, podemos intentarlo otra vez de manera distinta hasta que no sólo expresemos lo que sentimos, sino que además actuemos para conseguir con mayor probabilidad los resultados perseguidos.

Una vez solos, podemos hacer este tipo de representación emotiva en nuestra cabeza, delante de un espejo o sirviéndonos de un magnetófono. También podemos hacerlo con la ayuda de un amigo o un grupo de amigos. No es necesario un terapeuta ni un grupo de terapia, aunque a menudo son útiles, como suele ser útil representar una obra delante de un director de escena y de otros compañeros actores.

Representamos un papel tipo TREC, o bien con nosotros mismos o bien con los demás, no sólo para expresarnos con todos nuestros sentimientos y darles rienda suelta, sino también para demostrarnos que somos nosotros realmente los que creamos nuestros sentimientos de ira y que tenemos otras opciones mejores. Abundan las psicoterapias que sostienen que, si nos enfadamos con alguien o con algo, conviene desfogar este enfado si queremos estar en condiciones de enfrentarnos a la situación de manera sensata. Según esto, podríamos encontrarnos berreando o desgañitándonos con alguien, aporreando una almohada (que podría representar a la persona a la que nos gustaría golpear) o «soltando» nuestra ira de cualquier otra manera.

Pero, como vimos en el capítulo 2, numerosos testimonios clínicos y experimentales demuestran que, cuanto más desfoguemos la ira de la manera que acabamos de describir, más furiosos tenderemos a volvernos. La TREC nos ofrece una buena explicación de esto. Si, por ejemplo, insultamos intencionadamente a alguien que nos ha jugado alguna mala pasada, o si aporreamos una almohada que representa a esa persona, es muy probable que nos digamos algo así: «Me ha tratado de manera bastante fea y lo odio. *No debería* haber actuado de esa manera conmigo, y ojalá lo traten a él el doble de mal que él me ha tratado a mí».

Al expresar nuestros sentimientos de esta manera, estamos confirmando nuestras ideas irracionales sobre la persona que creemos que nos ha tratado mal. «Ha actuado cien por cien mal.» «No tenía ningún derecho a cometer tales errores.» «Es un malvado por haber actuado de esa manera.» «Merece ser castigado.» Podría ser que, después de desfogar nuestra agresividad de esta manera tan activa, volviéramos sobre lo que realmente sucedió y en cierto modo perdonáramos a la persona en cuestión sus acciones «espantosas». Sin embargo, es mucho más probable que nuestra agresividad así desfogada no sirva más que para exacerbar más aún la «terribilización» de las acciones de las personas que odiamos y para que nos sintamos, en el presente y en el futuro, más enfurecidos aún con ellas.

Hay individuos que, tras expresar física o verbalmente su inquina hacia otras personas (o hacia el mundo en general), se percatan de que han hecho una montaña de un grano de arena, y entonces se calman y se sienten decepcionados y apenados por la manera como los tratan los demás. Pero la mayoría de las personas parece confirmarse en su opinión irracional de que los demás *bajo ningún concepto deberían* portarse mal con ellas y que las acciones malas significan que la persona que la ha realizado es globalmente mala. Por irónico que pueda parecer, cuanto más airean o desfogan (se resienten de y reconstruyen algunas experiencias anteriores de) su ira, estas personas se sienten más furiosas y es más probable que vuelvan a enfurecerse en el futuro por una acción injusta o improcedente. Así, si bien la TREC ayuda ocasionalmente a la gente a expresar sus sentimientos de ira reprimidos (por ejemplo, obligándole a cantar las cuarenta a alguien en una de nuestras sesiones terapeúticas de grupo o maratonianas), y aunque la anima a mostrar sus sentimientos de enfado o disgusto por la conducta de los demás, como se ha dicho anteriormente, casi siempre trata de ayudarla a ver que es ella la que crea realmente sus propios sentimientos de ira y que dispone de otras opciones mucho mejores.

Asímismo, la TREC hace hincapié en que, cuando sentimos que los demás nos tratan de manera injusta, es mejor reconocer nuestros sentimientos de ira (en caso de tenerlos), reconocer que hemos creado insensatamente estos sentimientos y renunciar a los «deberían» o imperativos dogmáticos con los que los creamos. De esta manera podemos acabar sintiéndonos muy decepcionados y apenamos en vez de airados, y tal vez decidamos expresar estos sentimientos negativos sanos en vez de sentimientos hostiles malsanos.

La TREC no se opone en modo alguno a que tengamos sentimientos intensos, incluidos los negativos, sino que, antes bien, nos alienta a reconocerlos plenamente, a entrar en contacto con ellos y a dejar de renegar de ellos. También nos enseña a diferenciar entre, por una parte, los sentimientos sanos de fastidio y disgusto, y, por la otra, los sentimientos malsanos de ira y rabia, y, una vez hecho esto, a conservar los primeros y a cambiar —y cómo— los segundos. Nos brinda la elección de expresar —y cómo— nuestros sentimientos respecto a los demás. Al margen de cómo nos sintamos, es mejor reconocer sinceramente nuestros sentimientos; pero este reconocimiento no significa por fuerza el refrendo de los mismos. Como tampoco significa expresarlos. Algunos de nuestros sentimientos auténticos los podemos refrendar plenamente, y es mejor que los expresemos. ¡Pero no todos ellos!

10

Acciones concretas para liberarnos de la ira

Como ocurre con los sentimientos de placer, la perturbación emocional comporta una repetición activa. *Practicamos* sentirnos enfadados y, un rato después, nos sentimos automáticamente enfadados.

En el caso de la ira, durante nuestra infancia «vimos» a menudo que la gente nos trataba «de manera injusta» y nos dijimos algo así: «No deben tratarme tan injustamente». Luego nos sentimos enojamos y empezamos a echar pestes contra ellos.

Algun tiempo después, como seguíamos «practicando» una y otra vez esta Cri (creencia irracional), empezamos a Creer automáticamente que nosotros *debíamos absolutamente* ser tratados «con justicia» y convertimos esta persuasión en un elemento básico de nuestra filosofía. Asimismo, cuando iniciamos un enunciado de este modo: «Me han tratado de manera injusta», y luego le añadimos la Crr (creencia racional): «No deben tratarme tan injustamente», por lo general acabamos enfureciéndonos.

La TREC nos hace ver que, cuando adquirimos el *hábito* de sentir y actuar airadamente, también adquirimos el *hábito* consiguiente de pensar irracionalmente. Así, si queremos cambiar nuestro hábito conductual, más nos vale cambiar también nuestro hábito de pensar. Ambas cosas van juntas.

Pero la TREC también nos demuestra que, de la misma forma que nuestros pensamientos influyen en nuestros sentimientos y conductas, estos últimos afectan también en gran medida a nuestro pernsamiento. ¿Por qué? Porque así estamos hechos los humanos: nos comportamos según nuestros pensamientos *y* pensamos según nuestras conductas.

Supongamos, por ejemplo, que lo pasamos mal aprendiendo a jugar a tenis porque nos sentimos inferiores y nos «ponemos a caer de un burro» por no apreciar ningún progreso en nuestro juego. Podemos, a pesar de nuestras actitudes negativas, obligarnos a praticar este deporte diariamente por muy pobre que sea nuestro rendimiento. Aunque nuestras opiniones contraproducentes y sentimientos de inferioridad afecten probablemente a nuestro aprendizaje, también es posible que no nos impidan jugar.

A pesar de nuestros sentimientos y nuestra tendencia a rendirnos, podemos persistir en practicar este deporte. Si lo hacemos, acabaremos jugando mejor a tenis, e incluso bastante bien. Ahora *vemos* que *podemos* jugar bien; es decir, tenemos la creencia y la sensación de lo que Albert Bandura denomina eficacia personal o autoeficacia.

Al obligarnos —a pesar de nuestras actitudes negativas— a seguir practicando el tenis, podemos ejercer un claro influjo sobre nuestras actitudes negativas y dejar a un lado nuestra perturbación a causa de este deporte. Es probable que esto nos ocurra de manera más clara y eficaz si trabajamos también para encontrar y disputar nuestra Cri en el sentido de que *tenemos que* jugar bien a tenis y de que seremos una persona inferior si no lo hacemos. Pero, así como nuestras creencias influyen en nuestra conducta, también nuestra conducta influye en nuestras creencias. Así pues, tenemos la opción de trabajar para cambiar tanto nuestras creencias como nuestra conducta o de cambiar una de las dos para ayudarnos a cambiar la otra.

La TREC nos anima a hacer esta elección doble. No sólo utiliza métodos relacionados con el pensamiento y el sentimiento, como se ha visto en los capítulos anteriores, sino que también nos anima a emplear ciertos métodos conductuales orientados a la actividad. En este sentido la TREC se puede considerar pionera —hecho generalmente reconocido— en promover tareas activas *in vivo* en nuestra propia vida. Esto significa que los que la siguen aceptan una serie de tareas —tareas que pueden aprender a imponerse a sí mismos— que les ayuden a superar sus problemas emocionales.

Volviendo al ejemplo ya utilizado en este libro, supongamos que nos sentimos airados con Joan y Jack por haber incumplido su palabra y que acudimos en busca de ayuda a un terapeuta de la TREC. Nuestra primera tarea podría consistir en mantener contacto con ellos mientras seguimos trabajando con nuestros problemas de ira, pues, si rompemos inmediatamente el contacto a causa de la ira que sentimos hacia ellos, nuestra ruptura se parecerá bastante a un acto de inhibición y escurrir el bulto.

Nuestro primer objetivo puede consistir en impedir que Jack y Joan sigan tratándonos de manera injusta, cosa facilísima de conseguir si interrumpimos nuestra relación con ellos. Pero también queremos sentirnos sanamente decepcionados o enfadados por sus acciones —sólo esto—, en vez de malsanamente airados con *ellos*. Así, si nos limitamos a cortar toda relación con ellos (y, para el caso, con otros que nos «hagan» enfadar), no habremos hecho nada para mejorar nuestra *propia* conducta y disposición anímica. *Nosotros* aún seguiremos encendiéndonos con la ira.

Como se ha señalado antes, evitando a personas y situaciones «injustas» no conseguimos modificar nuestra filosofía originadora de ira. Seguimos teniéndola, y seguiremos empleándola para enfurecernos cada vez que se produzca otra experiencia activadora negativa. Pero si nos imponemos la tarea de seguir manteniendo algún tipo de relación con las personas que nos han tratado injustamente, y si *pese a ello* no nos enfadamos por lo que nos han hecho, entonces podremos enfrentarnos realmente a —y en buena medida cambiar— nuestras Crencias irracionales generadoras de ira.

Nuestra tarea consta de dos partes distintas: en primer lugar, nuestra propia actividad (mantener el contacto con Jack y Joan) y, en segundo lugar, nuestra manera de pensar (cambiar nuestras ideas sobre Joan y Jack al tiempo que mantenemos el contacto con ellos). La TREC favorece las tareas que son a la vez conductuales y filosóficas, porque utilizar este enfoque dual permite trabajar con nuestros problemas emocionales y conductuales al tiempo que aprendemos, mediante nuestros pensamientos y acciones, a reducir nuestra ira.

En muchas situaciones la ira va acompañada de una gran preocupación. A menudo nos sentimos enfadados porque nos preocupa enfrentarnos a otros tras su lamentable e injusta actuación, y al enfadarnos ocultamos el sentimiento de impotencia que a menudo acompaña a esta preocupación. Así, podemos utilizar el enfado para crear la falsa impresión de que estamos haciendo algo realmente positivo respecto a una situación injusta.

Las tareas *in vivo* pueden ayudarnos a vencer de distintas maneras estos problemas interrelacionados de ira, inquietud y depresión. Como se ha señalado, una de dichas tareas consiste en estar en una situación desagradable y trabajar para superar nuestros sentimientos perturbados. Por ejemplo, si nos inquieta la idea de enfrentarnos a Joan y Jack por su trato injusto, nos podemos obligar a enfrentarnos a ellos por varios defectos menores que creemos que tienen, como, por ejemplo, que no acudieran a una cita ni nos llamaran cuando habían acordado hacerlo o que sean muy críticos con nósotros. Como con ello ya hemos empezado a discutir temas desagradables, nos puede resultar más fácil animarnos a discutir la cuestión de la injusticia sin sentirnos tan preocupados.

También podemos enfrentarnos a nuestros sentimientos de autoinculpación por estar enfadados, obligarnos a darnos cuenta de que tenemos derecho, como humanos que somos, a tener sentimientos de ira. Así, si hemos cogido un berrinche en privado contra Joan y Jack, seguiremos considerándonos personas aceptables al tiempo que reconocemos la insensatez de este berrinche. Con esta disposición anímica nos será más fácil disputar nuestras Cri, pues nos percataremos de que las tenemos sin que por ello debamos considerarnos estúpidos.

Estas tareas conductuales nos ayudan a afrontar experiencias perturbadoras y abordarlas de manera racional. Con ello veremos que podemos vivir felizmente a pesar de nuestras frustraciones. Al adquirir la disciplina que exigen estas tareas, tenderemos a aumentar nuestra tolerancia hacia la frustración, lo que nos resultará muy beneficioso, pues las perturbaciones emocionales —la ira, la preocupación, la depresión— a menudo surgen de una baja tolerancia hacia la frustración. Aunque quizá nos siga preocupando el enfrentarnos a alguien, porque nos negamos a soportar el desasosiego que sentiríamos al enfrentarnos a ese alguien.

Las tareas para hacer en casa nos ayudarán a convivir con situaciones desagradables y a tolerarlas hasta que podamos cambiarlas eficazmente. También nos puede reportar ventajas el hecho de realizar sacrificios hoy, como cuando nos obligamos a enfrentarnos rápidamente a una persona por su acción injusta con el fin de inducirla a que nos trate de manera más atenta. Cuantas más tareas de este tipo hagamos en casa, más tenderemos a aumentar nuestra tolerancia hacia la frustración y, por tanto, más minimizaremos nuestra tendencia a enfadarnos y deprimirnos.

La T⎺ EC también se sirve de la técnica del refuerzo o del condicionamiento operante de B. F. Skinner. Esta técnica de autogestión se basa en los principios de recompensa y castigo. Realizamos el condicionamiento recompensándonos con un premio (como, por ejemplo, comida, aprobación o cualquier otro placer) cuando observamos en nosotros una conducta deseada, y con un castigo cuando no la observamos.

Utilizar castigos, al igual que refuerzos o recompensas, no significa condenarnos y ponernos de vuelta y media por nuestra conducta indeseable, sino todo lo contrario. Nos penalizamos por acciones indeseables para *ayudar*nos a cambiarlas. Sin embargo, condenarnos por «malas» acciones puede empujarnos a hacer más de lo mismo.

A menudo el trabajo de Skinner ha suscitado muchas críticas, porque los terapeutas de la conducta pueden manipular a la gente utilizando principios de refuerzo para que haga cosas que no quiere hacer realmente. También las autoridades pueden abusar de esta técnica, especialmente en entornos controlados tales como las escuelas, los hospitales y las prisiones. No obstante, tal y como se utiliza en la TREC, el condicionamiento operante consiste principalmente en la gestión de imprevistos o en procedimientos de autocontrol. Los clientes que desean cambiar sus conductas contraproducentes y, sobre todo, disciplinarse de alguna manera que les resulta difícil, sólo aceptan ciertas tareas y refuerzos agradables si realizan estas tareas de manera satisfactoria. También aceptan de buen grado ciertos castigos cuando no hacen «los deberes».

Los principios de la autogestión también se aplican a las personas que hacen algún contrato consigo mismas. A lo largo de los siglos, son muchos los escritores y artistas que se impusieron a sí mismos trabajar un período mínimo de tiempo cada día y sólo se permitieron, por ejemplo, comer, leer o hablar con los amigos tras haber trabajado dicho mínimo de tiempo. Asimismo, millones de personas que pratican dietas, ejercicios u otras tareas desagradables se imponen algún castigo duro si no cumplen los contratos estipulados consigo mismas.

Para aplicar a la TREC la gestión de imprevistos, supongamos que nos cuesta bastante pasar un tiempo determinado cada día trabajando para disputar nuestras creencias irracionales y realizando otras tareas. Podemos hacer un contrato con nosotros mismos y tal vez ponerlo por escrito con todos los puntos bien especificados. Como recompensa por (o refuerzo para) realizar nuestros ejercicios, escogeremos una actividad que nos guste de manera particular. Cada día que pasemos el tiempo exigido cumpliendo nuestra tarea, nos ofreceremos una recompensa. Y si no cumplimos los términos de nuestro contrato, podremos decidir penalizarnos (con alguna actividad que nos resulte particularmente desagradable).

También cabe acudir a otra persona para que nos ayude a poner en práctica este contrato. Cualquiera de nuestros amigos íntimos se mostrará encantado de vigilarnos cuando nos recompensamos o penalizamos. Los pactos de esta naturaleza nos permiten asegurarnos de que nuestras penalizaciones y recompensas se cumplen puntualmente, aspecto crucial en la gestión de imprevistos.

Como las personas tenemos un amplio abanico de aficiones y aversiones, aquí no vamos a sugerir recompensas y penalizaciones concretas. En general, es conveniente que las recompensas sean de orden práctico y fáciles de llevar a cabo. Así, si el premio consiste en practicar el sexo con nuestra pareja cada vez que hagamos nuestra tarea, es posible que a nuestra pareja la idea no le parezca igual de gratificante. También nosotros podríamos acabar cansándonos.

Al igual que con las recompensas, la imposición de penalizaciones debe hacerse con discernimiento. Los castigos demasiado duros o difíciles de cumplir son poco aconsejables. Un castigo podría ser, por ejemplo, privarnos de leer o de ver la tele; o imponernos hacer algo conflictivo, como, por ejemplo, escoger una comida que no nos guste.

Si nos apetece, podemos idear un sistema especial de premios y castigos. Por ejemplo, si realizamos la tarea todos los días de la semana, podemos darnos una superrecompensa el fin de semana (por ejemplo, ir a cenar a un restaurante especial). Y, si no la hemos realizado, podemos imponernos un castigo también especial (por ejemplo, levantarnos una hora antes todos los días la semana siguiente).

No está de más reiterar la diferencia existente entre un castigo y la autocondena. Podemos decidir penalizar a un animal de laboratorio por bajar por el camino erróneo en un laberinto, para que aprenda a descubrir el camino correcto. Pero, por supuesto, no le gritaremos ni le trataremos con brutalidad si no reacciona correctamente.

Si aceptamos la idea de: «*Quiero* dejar de enfadarme», sería lógico acompañarla del colofón: «Y como me resulta tan difícil no ceder a la ira y luchar contra ella, *quiero* buscar un castigo que me ayude a vencerla». Si observamos una formulación de este tipo, el interés por aceptar el castigo eclipsará nuestro deseo de evitar la ardua tarea de disciplinarnos para reducir nuestra ira. Nos imponemos un castigo de buen grado con objeto de superar nuestra aversión a aceptar el dolor de la autodisciplina.

Pero cuando nos condenamos en vez de penalizarnos, nos estamos diciendo en realidad a nosotros mismos: «*Debo* abandonar la ira y esforzarme por realizar la tarea. Si no hago lo que *debo,* no sólo me penalizaré a mí mismo, sino que también me pondré de vuelta y media por no cumplir mi contrato conmigo mismo». Nuestro autocontrato incluye un *debo* destructivo y una consecuencia de este *debo* de índole autocondenatoria. Si cambiamos el *debo* por un *sería preferible,* nos habremos liberado de nuestra actitud condenatoria.

Como hemos señalado anteriormente, la TREC aconseja practicar también una gran cantidad de ejercicios con objeto de ayudarnos a actuar resueltamente en vez de agresivamente. Cuando actuamos con resolución, estamos buscando únicamente lo que queremos, y evitando lo que no queremos. Pero cuando actuamos agresivamente, estamos añadiendo ira a nuestros sentimientos y actos, con la creencia de que los demás no tienen *ningún derecho* a impedirnos conseguir lo que queremos y de que, por tanto, son unas *personas malvadas.* La TREC nos enseña a distinguir entre la

101

resolución y la agresión y a esforzarnos por conseguir las cosas que queremos sin odiar a los demás, sin suscitar su animadversión, sin negarnos a establecer compromisos y sin exigir que nos den cuanto deseamos. En efecto, como han mostrado numerosos estudios, si aprendemos a ser resueltos conseguiremos una considerable reducción de la ira.

Filosóficamente, la TREC establece las bases para que seamos resueltos y no agresivos. Una vez que hayamos asimilado el principio de la TREC de que los demás no *provocan nuestra* ira, sino que somos nosotros los que creamos fundamentalmente nuestros sentimientos de hostilidad. estaremos en condiciones de realizar ejercicios de resolución que nos ayuden a superar una buena dosis de nuestra ira y de nuestra rabia.

La resolución o afirmación personal comporta unas acciones arriesgadas consistentes en hacer lo que queremos hacer realmente y en abstenernos de hacer lo que no queremos hacer realmente. Por supuesto, puede haber personas que no nos vean con buenos ojos por nuestra actitud resuelta, en cuyo caso será mejor considerar las posibles penalizaciones antes de hacer valer nuestra opinión, sobre todo cuando lo hagamos ante un directivo, jefe o cualquier otra persona revestida de poder. Entonces podemos considerar excesivo el riesgo que corremos y decidir no imponer nuestra opinión. A veces dar un paso atrás es una conducta muy racional.

Con frecuencia, no obstante, cuando actuamos pasivamente solemos considerar que correremos *demasiados* riesgos si nos preocupamos en exceso por la posibilidad de perder la aprobación de los demás. Pero es posible que tengamos que correr el riesgo de incurrir en la desaprobación de los demás para conservar la libertad de pedir lo que queremos. En primer lugar, observaremos y cuestionaremos nuestras evitaciones o inhibiciones y, en segundo lugar, practicaremos medidas más resueltas.

He aquí algunas tareas habituales para afianzar la actitud resuelta que proponemos en la TREC:

Correr determinados riesgos. Pensemos en unas cuantas cosas que nos gustaría hacer pero que generalmente nos da mucho miedo hacer y que, por tanto, solemos evitar, como puede ser devolver en

102

un restaurante un plato deficientemente cocinado, o llevar una prenda de vestir demasiado llamativa, o comer un bocadillo en un autobús o vagón del *metro,* o levantar la mano en medio de una sala abarrotada para hacer una pregunta que a algunos de los presentes les podría parecer boba, o decir sosegadamente a alguien que nos parece mal su conducta.

Correr el riesgo de que nos nieguen algo. Pensemos en algo que queremos realmente, como, por ejemplo, el sexo, una comida especial, que nos rasquen la espalda o ir al cine, algo que creamos que tendrá como respuesta una negativa fría o airada. Corramos el riesgo de pedir esto a uno de nuestros compañeros o amigos (o compañeras o amigas). Cuando se nos haya negado lo que pedimos, tratemos de convencer a la otra persona para que lo acepte. Si tampoco lo logramos, intentémoslo de nuevo.

Correr el riesgo de decir que no. Pensemos en algo que generalmente no queremos hacer, pero que hacemos a menudo para complacer a los demás, como, por ejemplo, salir a comer fuera, practicar el sexo de una manera determinada o hablar de un tema concreto durante un largo período de tiempo, y corramos el riesgo de negarnos a hacerlo. A veces podemos negarnos aviesamente, sólo para aumentar el riesgo de decir que no. O, mejor aún, podemos negarnos llana pero firmemente, y persistir en nuestra negativa aun cuando la otra persona siga intentando que hagamos lo que desea.

Hacer alguna cosa ridícula o «vergonzosa». Como se señaló en el capítulo anterior, podemos practicar en público algunos ejercicios para quitarnos la vergüenza (hacer algo que nos parezca «bobo» o «bochornoso»). Por ejemplo, cantar a grito pelado en plena calle o arrastrar de una cuerda un plátano (como si sacáramos a pasear un perro o un gato), o ponernos en la cabeza una diadema con una vistosa pluma amarilla, o detener a una anciana para pedirle que nos ayude a cruzar la calle.

Poner de manifiesto algún fallo nuestro. Fracasar adrede en un proyecto importante y hacer lo posible para que la gente se entere de ello. Por ejemplo, soltar adrede una pelota que ha caído en nuestras manos (mientras jugamos al béisbol), tartamudear un rato durante una conferencia o decir a la gente que hemos suspendido un examen (que en realidad hemos aprobado).

Hacernos valer sosegadamente. Algunos defensores de los ejercicios de afirmación personal siguen a pie juntillas el plan «enfrentarnos a los demás e imponer nuestra opinión» y olvidan que actuar con calma es a menudo la mejor manera de conseguir lo que queremos. Si estamos enfadados con alguien y vemos que somos nosotros —no ese alguien— quienes hemos provocado este sentimiento, podemos seguir trabajando para reducir nuestro enfado de manera sosegada en vez de encolerizarnos con esa persona.

He aquí lo que dice Lois Bird sobre cómo llevarnos bien con nuestra pareja: «No importa lo que sintamos a nivel visceral; tampoco hay necesidad de decir todo lo que sentimos. Podemos "desconectar" y hablar con nuestra pareja con el sosiego intacto». Sigamos el consejo de Bird y seguro que seremos más eficazmente resueltos que si cantamos las cuarenta «con toda franqueza» a nuestra pareja.

Confrontación valiente. Como se ha señalado más arriba, la agresividad y la violencia son a menudo producto de falta de valor. Nos negamos a perseguir lo que queremos o a enfrentarnos a los demás con sus fallos. Y entonces, al odiarnos a nosotros mismos por nuestra debilidad, nos enfurecemos y nos volvemos combativos con las mismas personas con las que hemos actuado débilmente.

En lugar de esto, ¿por qué no enfrentarnos valientemente a las personas con las que no estamos de acuerdo? A menudo se producirá un conflicto, pero al menos habremos puesto las cartas sobre el tapete, y no tardará en llegarse a una resolución. Así pues, si nos enfrentamos valientemente a las personas con las que no estamos en absoluto de acuerdo y nos abstenemos de encolerizarnos y envalentonarnos con ellas, nuestro enfrentamiento podría hacerles ver que no les tenemos miedo, que vamos a intentar convencerlas por la vía razonable y que merecemos consideración y tal vez también un pacto entre caballeros.

¿Cómo efectuar este género de confrontación directa? Convenciéndonos de que podemos aguantar el cuerpo a cuerpo y la contrariedad y que, aunque los demás no nos tengan mucha simpatía, no nos tenemos que dejar de gustar a nosotros mismos. Entonces podremos obligarnos con bastante facilidad —sí, obligarnos— a enfrentarnos a nuestros contrincantes. Por mucho que nos cueste al principio, recordemos que la evitación es generalmente mucho más dolorosa y dura mucho más...

Psicodrama (role-playing). Robert Alberti y Michael Emmons explican con detalle cómo, mediante el psicodrama, los terapeutas pueden ayudar a sus clientes, especialmente a los que tienen problemas con su pareja, invitándolos a adoptar una conducta resuelta en lugar de agresiva. También podemos practicar el psicodrama a solas, sin la presencia de un terapeuta, haciendo que alguno de nuestros amigos improvise una pelea fingida entre nosotros y, por ejemplo, nuestra pareja o nuestro jefe. Imaginemos un conflicto concreto. Decidamos junto con nuestro supervisor qué vamos a hacer exactamente nosotros y nuestro adversario. El supervisor criticará luego nuestra interpretación psicodramática. Después repetiremos la «función». Posteriormente recabaremos más reacciones y asesoramiento por parte de los supervisores. Repetiremos la representación varias veces. También podemos grabar la representación y escucharla unas cuantas veces.

Preparación previa. Como han señalado George Bach y Herb Goldberg, la afirmación personal consiste a menudo en prepararnos de antemano a habérnoslas con agresores pasivos o indecisos. Por ejemplo, uno de nuestros amigos o amigas queda con nosotros y luego no aparece, o aparece siempre tarde. En tal caso, podemos establecer unas normas muy precisas y activas, como, por ejemplo: «Si no apareces a las diez y media y no me has llamado antes por teléfono, entraré al cine yo solo». Al establecer estas normas, nos aseguraremos de que la cosa va en serio y de que nos vamos a atener estrictamente a ellas.

Distinguir claramente entre afirmación personal o resolución, y agresión. Alberti y Emmons distinguen claramente entre conducta resuelta y conducta agresiva siguiendo algunas pautas trazadas anteriormente por Arnold Lazarus y por mí mismo (A.E.). Como dicen Arnold Lazarus y Allen Fay, «La afirmación personal comporta tomar una postura, resistir a exigencias no razonables o pedir lo que queremos. La agresión comporta poner de vuelta y media a otra persona. La resolución es positiva, mientras que la agresión es negativa». Entre las principales diferencias que distinguen las conductas no resuelta, resuelta y agresiva, destacan:

105

Conducta no resuelta: queremos algo, pero no expresamos claramente lo que queremos ni hacemos ningún esfuerzo real por conseguirlo. Recurrimos a acciones indirectas, pasivas y poco sinceras. Por lo general, no nos decimos claramente qué es lo que queremos y qué es lo que no queremos. Nos inhibimos innecesariamente y hasta renegamos de algunos de nuestros deseos básicos. Tendemos a sentirnos ansiosos, agraviados y enfadados.

Conducta resuelta: queremos algo, lo reconocemos sin tapujos y tratamos de conseguirlo por todos los medios. Tendemos a actuar abiertamente con los demás, aunque a veces no les revelemos plenamente lo que queremos, si bien nos esforzamos por obtenerlo. Nos sentimos interesados en y nos potenciamos a nosotros mismos. Respetamos los valores y los objetivos de los demás, pero a menudo preferimos los nuestros a los suyos. Nos comportamos de manera activa y expresiva.

Conducta agresiva: sentimos ira hacia los demás porque bloquean nuestros objetivos y a menudo nos esforzamos más por hacerlos picadillo que por conseguir lo que queremos. Creemos francamente que no deberían —que no deben— frustrarnos. Somos emocionalmente sinceros, pero de una manera inapropiada. que a menudo afecta negativamente a lo que realmente queremos de o con los demás. Nos conducimos de manera activa y resuelta, pero a costa de los demás. Nos expresamos plenamente, y con frecuencia exageradamente. A menudo nos sentimos cargados de razón y superiores a los demás y tendemos a condenarlos. También podemos sentirnos culpables por nuestra agresividad.

Si distinguimos claramente entre estos tres tipos de conducta y no suponemos que sólo tenemos elección entre la irresolución y la agresión, podemos ejercitarnos para actuar de manera verdaderamente resuelta y ser responsables tanto con nosotros mismos como con los demás, como propugnan Arthur Lange, Patricia Jakubowski y otros terapeutas que se mueven en la línea de acción de la TREC.

Actuar resueltamente. He aquí algunas conductas en las que actuamos resueltamente, tal y como afirman Lange, Jakubowski y Janet L. Wolfe:

- Al expresar el deseo de no hacer algo, dar por respuesta un no decidido. No andarnos por las ramas ni endilgar la decisión a la otra persona. No adoptar una actitud defensiva ni de disculpa.
- Hablar en un tono claro y firme. Evitar las afirmaciones quejumbrosas, rudas y acusatorias.
- Dar una respuesta lo más rápida y breve posible, y no utilizar largas pausas ni interrupciones.
- Intentar que los demás nos traten de manera equitativa y justa y señalar las ocasiones en que no lo hacen. ¡Pero sin insistir ni dar órdenes!
- Cuando nos piden hacer algo que no nos parece razonable, solicitar una explicación y escucharla atentamente. Cuando nos parezca oportuno, sugerir una acción o solución alternativas que emplearíamos nosotros.
- Expresar con sinceridad nuestros sentimientos sin evasivas, sin atacar a la otra persona ni tratar de justificarnos con una postura defensiva.
- Al expresar disgusto o enfado, tratar de decir a la otra persona qué es lo que no nos gusta concretamente. No atacar a esta persona ni insultarla ni dar a entender que merece algún tipo de condena.
- Reconocer la utilidad de los mensajes en primera persona en lugar de los mensajes en segunda persona, pero reparando bien en que esto no constituye ninguna panacea. Algunos defensores de la formación resuelta propugnan los mensajes en primera persona y el empleo de la ira para el aprendizaje de la afirmación personal. Pero otros terapeutas, como Arnold Lazarus y David D. Hewes, sostienen que también los mensajes en primera persona pueden incluir ira malsana mientras que unos adecuados mensajes en segunda persona pueden no incluirla. Así, si encontramos peros a la manera de actuar de un vendedor, podemos decirle airadamente, con un mensaje en primera persona: «Me siento realmente molesto cuando voy a comprarle una camisa y actúa usted de la manera como actúa». Asimismo, podemos decir sin ira, con un mensaje en segunda persona: «Hoy pareces sentirte bastante tenso. La verdad es que te prefiero cuando no tienes tanta presión». Al emplear un mensaje en segunda persona, Lazarus

incluye la comprensión de la otra persona y hasta un refuerzo positivo de la misma. Así pues, está bien utilizar mensajes en primera persona, pero sin sobrevalorarlos.

Distintos grados de resolución o afirmación personal Según Marlowe H. Smaby y Armas W. Tamminen, existen varios grados de resolución, algunos de ellos especialmente adecuados para diferentes géneros de situaciones o con diferentes tipos de pareja. En la parte más baja de la resolución, nos limitamos a mantenernos en nuestros trece y nos negamos a dejar que otro nos controle, como cuando alguien trata de colarse en una fila y hacemos un gesto señalando la parte trasera de la cola (dando claramente a entender a la persona en cuestión que lo mejor que puede hacer es colocarse allí).

En un nivel superior, al tiempo que reconocemos el derecho del otro a opinar sobre una cuestión y respetamos sus sentimientos al respecto, nos mantenemos firmes en nuestra postura pero sin actitud vengativa. Así, si un amigo quiere que mintamos, le diremos: «Comprendo tu postura sobre este asunto y por qué quieres que haga esto y lo decepcionado que te sentirás si no lo hago. Pero también tengo muy claro que no quiero mentir y que posiblemente me metería en un lío si mintiera; así que preferiría que no me lo pidieras. Por cierto, me ha dejado como un mal sabor de boca el hecho de que me lo hayas pedido».

Un peldaño más arriba todavía está la resolución negociadora: aún podemos defender nuestra postura firmemente, pero también salir de nuestras trincheras para ver el punto de vista del otro y llegar a cierto tipo de compromiso. Así, al amigo que quiere que mintamos le podríamos decir: «Veo cómo te sientes y por qué me pides que haga eso y lo decepcionado que te sentirás si no lo hago. Pero también veo claro que no quiero hacerlo, pues es posible que me meta en líos; así que ya ves cómo me siento y por qué no quiero mentir. Pero creo que hay otra manera de ayudarte. No faltaré a la verdad, pero haré un esfuerzo especial para hacer que ese empresario te dé trabajo y vea, así, las buenas cosas que eres capaz de hacer. Intercederé para que te lo dé aunque tal vez carezcas de la experiencia que exigen».

Si practicamos estos distintos niveles de resolución y los empleamos con discernimiento (al ver los otros niveles de forma sesgada), podremos actuar de la manera que deseamos sin perder nuestras buenas relaciones —incluso manteniéndolas a un buen nivel— con los demás.

Si corremos estos riesgos «resolutivos» practicando la TREC, no nos sentiremos avergonzados ni nos condenaremos a nosotros mismos por haber actuado de manera insensata. Nuestro objetivo en la TREC no consiste en correr riesgos en el plano social ni en cuestionar las convenciones al uso porque sí. Recordemos las ventajas que obtenemos corriendo riesgos. Cuando corremos riesgos sin preocuparnos demasiado de lo que los demás puedan pensar de nosotros, al mismo tiempo nos afirmamos personalmente en el sentido de que estamos convencidos de que no va a ocurrir nada *horrible*. También aprendemos a soportar la desaprobación de los demás, aunque esto tal vez no nos guste particularmente. Sabemos que nadie, ni siquiera nosotros mismos, puede pone*rnos* de vuelta y media legítimamente ni considera*rnos* una persona malvada porque hayamos realizado un *acto* impopular.

Con esto no estamos diciendo que nos debamos liberar de todos los sentimientos y acciones teñidos de ira y convertirnos automáticamente en unas personas que se sienten sanamente disgustadas pero nunca encolerizadas cuando ocurran ciertas cosas desagradables, pues, aunque actuemos constantemente de manera resuelta, podríamos seguir siendo unos «cosechadores» de injusticias que no sólo encuentran mal las cosas sino que además se quejan y gritan cuando suceden cosas injustas. Insistimos en la idea de que a menudo nosotros creamos nuestra cólera al actuar pasiva e irresueltamente, y que, si practicamos la resolución —en la confianza de que no necesitamos la aprobación de los demás—, tendremos menos tendencia a encolerizarnos.

La TREC da mucha importancia a la educación y, por tanto, utiliza muchos métodos educativos, entre ellos materiales de lectura, material audiovisual, gráficos, diagramas, eslóganes y *buscar a alguien como modelo*. Si alguien acude a mi consulta y me habla de su propensión a encolerizarse con las personas que lo tratan injustamente, yo trataré de ponerle como modelo la filosofía antiira de la

TREC. Y si ese alguien ha llegado tarde a las sesiones de terapia, no ha escuchado mis palabras o se ha negado a hacer las tareas de rigor —o ha mostrado resistencia a aprender y a cambiar—, intentaré *mostrarle que verdaderamente me ha disgustado su conducta, aunque no lo condene airadamente por haberse mostrado de esa forma.*

No es que yo quiera mostrar necesariamente una calma o indiferencia absolutas ante dicha conducta. ¡Lo más probable es que no sea así! Yo me tomo mi trabajo de terapeuta muy en serio, y si, por ejemplo, alguien no me ha escuchado, trataré por todos los medios de hacerle ver sus filosofías contraproducentes (sus Cri) y de enseñarle la manera de arrancarlas de raíz. Pero no lo condenaré airadamente por ese motivo.

No me gusta que nadie desarrolle una dependencia emocional respecto a mí, ni cambie simplemente por cambiar. Como dije antes, cuando criticamos abiertamente a los demás por su conducta infame, a menudo los estamos alentando a *defender* esa misma conducta, haciendo uso del derecho que los asiste a hacerlo. Si los dejamos reflexionar por sí solos, quizá perciban que no tienen que aferrarse a su conducta ofensiva. Con lo cual, podrían cambiar de conducta *de motu propio*. De manera parecida, en mi calidad de terapeuta yo trataré de ayudar al paciente a cambiar por su propio provecho, y no por el mío. A este fin me comportaré como un buen modelo que hay que seguir, como alguien con quien poder contrastarse, alguien que le muestre nuevas cosas sobre su conducta irracional (la ira) mediante dicho contraste.

Si no disponemos de ningún terapeuta que nos sirva de modelo racional, ¿cómo podemos conseguir esta ayuda suplementaria? Respuesta: buscando buenos modelos en nuestra propia vida. Por desgracia, la mayor parte de las personas con que nos tropezamos en la vida cotidiana distan mucho de entrar en esta categoría. A menudo se encolerizan por igual con injusticias leves que por las importantes. Sin duda existen excepciones, como puede ser un amigo o profesor fuera de lo común, un pariente al que vemos de vez en cuando, un socio... personas decididas a imponerse a los sinsabores de la vida y que se esfuerzan activamente por lograrlo.

Hablemos con tales personas.

110

Tratemos de aprender de ellas a mantenernos razonablemente serenos ante las injusticias de la vida. Observémoslas en acción. Veamos si podemos modelar algunos de nuestros sentimientos y conductas según los suyos. Busquémoslas en novelas y biografías, pues la literatura está llena de personajes que han sufrido grandes frustraciones y hasta persecuciones sin encolerizarse indebidamente ni volverse homicidas. Encontremos estos modelos racionales y aprendamos de sus vidas.

Hay otros muchos métodos conductuales para luchar contra la ira que son perfectamente compaginables con la TREC. Los describiremos brevemente:

Exponernos a la agresividad. En el transcurso de una terapia de grupo, en un grupo de ayuda recíproca o en nuestra vida cotidiana, puede ser útil exponernos a la agresividad. Esto no significa que la agresividad *como tal* nos ayude, pues generalmente suele ser mala consejera. Pero si practicamos el hecho de *exponernos* a la agresividad de la gente, especialmente bajo supervisión terapéutica, podremos tratar la ira de manera más eficaz, y ver más de cerca y comprender mejor su verdadera naturaleza. Como se ha dicho más arriba, evitando las situaciones comprometidas lo único que hacemos es dejar sin resolver nuestros sentimientos airados. Exponernos a personas airadas *sin* irritarnos conducirá a mejores resultados.

Actividades constructivas. Como han indicado Andrew S. Wachtel y Martha Penn Davis, así como otros muchos investigadores, los individuos airados y violentos tienden a sentirse alienados, anónimos e impersonales. Si ellos, ¡y nosotros!, conseguimos sentir un gran interés por un grupo o causa particularmente constructivos, ellos, y nosotros, podremos desterrar nuestro sentimiento de alienación, anonimato e ira.

Condicionamiento en la primera edad. Victor Denenberg y M. J. Zarrow hicieron una serie de fascinantes experimentos con ratones recién nacidos, contrastando a un grupo criado por ratas con un grupo de control criado por ratones. Descubrieron que «los ratones criados por ratas tenían mayor peso que el grupo de control criado por ratones, además de que eran también menos activos al aire libre y preferían pasar el tiempo junto a una rata en vez de junto a un ratón. Uno de

111

los hallazgos más espectaculares fue que los ratones criados por ratas *no* peleaban cuando se les dejaba en una situación normal de pelea». Esto contrastaba con lo que ocurría en muchos combates entre los ratones del grupo de control criados por madres ratonas, lo que demostraba que la tendencia «natural» de los ratones a pelear puede verse considerablemente modificada al ser criados de manera «no natural».

En otros experimentos se descubrió que los ratones criados en la proximidad de perros o gatos no eran atacados posteriormente por estos enemigos naturales, mientras que los ratones criados de manera normal sí eran atacados. Denenberg y Zarrow dicen lo siguiente: «Así pues, debemos rechazar cualquier hipótesis según la cual la agresión está genéticamente determinada o es una respuesta instintiva que no puede modificarse por la experiencia... Con esto no pretendemos decir que los factores genéticos no sean importantes. Es obvio que sí lo son. Lo que queremos decir es que *tanto los antecedentes genéticos como el entorno en el que estos genes crecen y se desarrollan se deben tener en consideración* conjuntamente *si queremos avanzar en nuestra comprensión de las pautas conductuales*».

Basándonos en este texto, es probable que los humanos sometidos a un condicionamiento temprano con vistas a reducir su ira reduzcan también sus tendencias biológicas naturales a actuar airada y violentamente. Por supuesto, los adultos podemos hacer ya muy poco con nuestra infancia. Pero, si tenemos niños, sí podemos pensar en condicionarlos para que actúen con menos agresividad.

Medidas de distracción. Como se ha dicho más arriba, la acción constructiva puede ser un buen medio para apartarnos de la agresividad, y lo mismo se puede decir de otras conductas menos constructivas. Siguiendo las ideas de William James y Sigmund Freud, Norman Zinberg se pregunta si algunos tipos de actividad competitiva, como, por ejemplo, los deportes organizados y la política, pueden ser más útiles como formas de sublimación para la ira y la violencia que otros tipos de actividades, como, por ejemplo, las películas o la empresa privada. Como se dijo en el capítulo 2, la *postura de la TREC da por supuesto que objetivos altamente agresivos, como, por ejemplo, la competencia comercial encarnizada y la lucha por los premios, pueden hacer a las personas en vez de menos, más agresivas en sus sentimientos y conductas.*

Por su parte, Robert Barton y Paul Bell descubrieron que un nivel suave de excitación sexual ayudaba a inhibir una subsiguiente agresión física. Como veremos en el capítulo siguiente, también el empleo de técnicas de relajación tiende a reducir los sentimientos de ira. Tras realizarse varias pruebas, parece que se ha demostrado la existencia de ciertos tipos de distracciones agradables, constructivas y hasta neutrales que pueden entorpecer y hacer disminuir, al menos temporalmente, la agresividad. Por consiguiente, si queremos controlar nuestros sentimientos airados, podemos utilizar dichas distracciones, ya sea para ayudarnos a reducir temporalmente nuestra ira, o para tomarnos un tiempo a fin de cambiar nuestro pensamiento y encolerizarnos menos cuando nos enfrentemos posteriormente a estímulos adversos. Podemos utilizar como distracciones: pensamientos, fantasías, juegos, actividades, excitaciones emocionales, placeres o cualquier otro tipo de concentración intensa. Intentemos descubrir qué es lo que mejor se nos da a este respecto. Tengamos presente, sin embargo, que, a no ser que cambiemos nuestros pensamientos autoenfurecedores, es probable que nuestra furia aparezca de nuevo una vez terminada la distracción.

Procedimientos para hacer frente a y resolver los problemas. Un factor muy importante que parece ayudarnos en casi todos los géneros de reacciones emocionales perturbadas consiste en implicarnos conscientemente en procedimientos eficaces de hacer frente a algún problema. En efecto, son muchos los estudios que han demostrado que la adquisición de técnicas eficaces para resolver los problemas contribuye a una considerable reducción de la ira. Dichos estudios se hallan recogidos en el libro editado por Howard Kassinove *Anger Disorders: Definition, Diagnosis, and Treatment (Desórdenes de la ira: definición, diagnóstico y tratamiento).*

Así pues, existe una serie de medidas resolutorias de problemas que cabe aplicar cuando nos encontremos ante situaciones odiosas y personas que se conduzcan de manera injusta. Para ello, enumeraremos todos los acontecimientos desafortunados que pensamos que surgirán con una persona o situación difíciles, así como todas las acciones que podamos realizar —independientemente de lo buenas o malas que puedan ser— para hacer frente a los problemas enumerados. Después trataremos de calibrar las consecuencias (buenas y malas) de cada acción emprendida y nos aseguraremos en lo posible de nuestras predicciones. Comprobaremos de cerca las mejores acciones que hayamos planeado y las revisaremos constantemente a la luz de los resultados obtenidos.

Si después de ejecutar nuestros planes para hacer frente a los problemas descubrimos que estamos en condiciones de enfrentarnos a personas o situaciones difíciles, tendremos desde luego una menor tendencia a montar en cólera con los demás. Esta no es una solución ideal, pues no conseguiremos imponernos realmente a cada situación problemática; pero planear bien una conducta para hacer frente a los problemas nos será muy útil en muchos casos.

Tareas de reestructuración cognitiva. Entre las tareas de la TREC figuran muchos métodos cognitivos, emotivos y conductuales; es decir, practicar mucho entre sesiones si seguimos una terapia, así como realizar mucha práctica personal si utilizamos las técnicas de autoayuda de la TREC. La reestructuración cognitiva, o el hecho de descubrir y disputar las Cri que provocan y mantienen encendida nuestra ira, es uno de los ejercicios más útiles que podemos practicar de manera permanente.

En su estudio pionero, Raymond Novaco demostró que la reestructuración cognitiva, tal y como la concibieron la TREC y Donald Meichenbaum, era mejor que los métodos de relajación para ayudar a la gente a reducir su ira; por su parte, Jerry Deffenbacher y sus colegas de la Universidad del Estado de Colorado, junto con otros investigadores más, han demostrado en una amplia serie de estudios sobre el tratamiento que las personas pueden reducir significativamente su ira si son conscientes de —y cambian activamente— sus creencias relacionadas con la rabia.

Nosotros coincidimos con este aspecto en las sesiones habituales de la TREC. En primer lugar, enseñamos a los clientes a crear filosóficamente sus sentimientos de ira (quejándose de las injusticias y frustraciones y exigiendo categóricamente que éstas dejen de existir). Luego les enseñamos a relajarse, y también a emplear varios métodos de la TREC para hacer frente a la ira y a convivir con —y minimizar— su rabia.

Utilizando las técnicas de la TREC, conseguiremos lo mismo nosotros solos; a saber, hemos de reconocer que somos nosotros los

114

que creamos los sentimientos de ira y entender cómo lo hacemos, insistiendo imperativamente para que exista algo que no existe o para que no exista algo que existe objetivamente. Cuando hayamos comprendido bien este punto y nos hayamos esforzado por desprendernos de nuestra actitud imperativa hacia la gente y el universo, descubriremos que estamos en mejores condiciones para emplear los distintos métodos conductuales a que hemos hecho alusión en este capítulo.

Recordemos una vez más que, aunque la TREC tiene una postura bastante clara sobre la naturaleza humana, las perturbaciones emocionales y la psicoterapia, y aunque se sirve de un sinfín de técnicas terapeúticas, es fundamentalmente una terapia más integradora que ecléctica. En ciertos aspectos, abarca más de cincuenta métodos cognitivos, emotivos y conductuales, muchos de los cuales difieren bastante entre sí; pero los utiliza todos amoldándose bastante bien a sus principales teorías de la perturbación y el cambio emocionales.

Por ejemplo, sus métodos conductuales no consisten solamente en la supresión de los síntomas. Si un terapeuta de la TREC nos convence para que utilicemos varias técnicas conductuales —como, por ejemplo, tareas activas para practicarlas nosotros solos, condicionamiento operante o ejercicios de afirmación personal— que nos ayuden a reducir la ira, no lo hará solamente para alentarnos a dejar de sentirnos airados justo en este preciso momento, mientras seguimos la terapia, sino que intentará que, cuando dejemos la terapia, comprendamos que somos nosotros básicamente los que nos «autoinyectamos» la ira, que podemos reducirla en el futuro lo mismo que en el presente y minimizarla en cualquier tipo de circunstancia difícil que se nos pueda presentar posteriormente.

Al brindarnos una comprensión teórica y unas técnicas prácticas que podremos utilizar a solas, la TREC, como método de tratamiento, nos permite no sólo *sentirnos* mejor, sino también *mejorar* y, posiblemente, volvernos menos perturbados *y* menos perturba*bles*. Asimismo, si estamos dispuestos a colaborar de verdad, nos ayuda a efectuar un profundo cambio filosófico y emocional que, es de esperar, nos permitirá pensar, sentir y actuar de manera menos contraproducente y más grata durante el resto de nuestra vida.

11

Aprender a relajarnos

Como se dijo en el capítulo 1, la ira nos prepara mental y físicamente para enfrentarnos al peligro. Si bien es verdad que el pensamiento nos crea gran parte de nuestra ira, no es menos cierto que la excitación y agitación físicas pueden exacerbarla y mantenerla viva. Por consiguiente, aprender a calmarnos físicamente constituye una herramienta importante que podemos utilizar para interrumpir y reducir nuestra ira.

Entre las numerosas técnicas que existen para reducir la tensión y la excitación, destacan la progresiva relajación muscular, las imágenes activas, el entrenamiento autogénico, la biorretroalimentación y varias formas de meditación. Si se utilizan de manera adecuada y constante, estos métodos conducen a cambios positivos en nuestro cuerpo, como, por ejemplo, disminución en el ritmo cardíaco, la presión sanguínea y la tensión muscular. Con mucha práctica, podemos aprender a relajar nuestro cuerpo tan pronto como sintamos que la tensión física y la ira empiezan a hacer mella en nosotros.

En este capítulo vamos a describir algunas técnicas concretas de relajación cuya utilidad para las personas con problemas de ira ha quedado suficientemente demostrada. Gran parte de la investigación en que se apoyan estas técnicas la ha realizado el psicólogo Jerry Deffenbacher, secundado por sus colegas de la Universidad del Estado de Colorado. Estos investigadores han demostrado que los ejercicios de relajación producen una importante reducción de la ira. Se ofrece una reseña de estos estudios en el libro de Howard Kassinove, citado en el capítulo anterior, *Anger Disorders: Definition, Diagnosis, and Treatment*.

Relajación muscular progresiva

La Relajación Muscular Progresiva (RMP) nos enseña a tensar y relajar diferentes grupos de músculos siguiendo un orden específico. Cuando tensamos un determinado grupo muscular, concentramos la atención en la incomodidad que estamos provocando. Tras unos diez segundos aproximadamente, dejamos que nuestros músculos se relajen y luego nos concentramos en las sensaciones de pesadez y calor que hemos creado. Experimentaremos un claro contraste entre la tensión anterior y la relajación posterior.

Si aprendemos a reconocer la diferencia entre nuestras sensaciones de tensión y relajación, podremos ver cómo nuestra ira toma cuerpo lentamente. La tensión nos servirá para avisarnos de que es hora de que tratemos de calmarnos antes de que estalle nuestra ira.

Antes de utilizar la RMP, conviene tomar varias precauciones. La primera es que, si tenemos algún tipo de problema muscular, debemos consultar al médico. En segundo lugar, durante la parte «tensa» del ejercicio procuraremos sentir incomodidad, pero no dolor. No conviene tensar los músculos demasiado. Si sentimos dolor en algunos músculos, será mejor evitar tensar ese grupo muscular y concentrarnos en la parte relajadora de la RMP.

Los ejercicios iniciales de la RMP duran unos veinticinco minutos. Tensamos y relajamos un grupo muscular cada vez, empezando por los músculos del brazo y pasando luego a las piernas, vientre, tórax, hombros, cuello y rostro, hasta que sentimos todo el cuerpo tranquilo y relajado. Podemos utilizar la RMP siguiendo las instrucciones detalladas más abajo. Recomendamos grabar en cinta estas instrucciones y así no tener que interrumpir la relajación para consultar el libro. Luego podremos seguir las instrucciones oyendo la cinta que hemos grabado. También podemos comprar la casete disponible en el Albert Ellis Institute for Rational Emotive Behavior Therapy, 45 East 65th Street, Nueva York, NY 10021-6593, llamando al 800-323-4738.

Trataremos de tensar solamente un grupo muscular concreto durante la parte tensa del ejercicio, al tiempo que dejamos relajadas las otras partes del cuerpo. Por supuesto, siempre se producirá algún solapamiento. Es muy normal que otros pensamientos no relajantes acudan a nuestra mente durante esta fase; sin embargo, intentaremos —con suavidad— concentrarnos de nuevo en las sensaciones de nuestros músculos. También nos esforzaremos por permanecer bien despiertos durante esta fase del ejercicio. Por agradable que pueda resultar dejarnos llevar del sueño mientras nos relajamos, hay que recordar que así es imposible aprender ninguna técnica de relajación.

Instrucciones para la RMP

Para seguir la casete de relajación, no conviene ir demasiado deprisa con la tabla que se especifica a continuación. Observaremos el tiempo indicado (entre paréntesis) en cada ejercicio. Una vez grabada la cinta, podemos seguirla en un lugar cómodo y tranquilo. Practicaremos el ejercicio, o bien sentados en un sillón cómodo, o tumbados en una cama, en un sofá o en el suelo.

INICIO de la cinta. Entornemos suavemente los ojos y, tras permanecer tranquilos unos segundos, tratemos de respirar lentamente (30 segundos).

1. Cerremos los puños y sintamos cómo la tensión se va acumulando en los antebrazos, manos y dedos. Concentrémonos en esa tensión y visualicemos en silencio estos desagradables tirones. Mantengamos la tensión (10 segundos). Relajemos luego la tensión y a continuación las manos y los brazos. Concentrémonos en la sensación de calor y pesadez de las manos y notemos el contraste con la tensión. Concentrémonos en nuestras manos relajadas (20 segundos).

2. Flexionemos los brazos y presionemos ambos codos firmemente contra los costados. Presionando con los codos hacia dentro, flexionemos también los músculos del brazo. Notaremos que se acumula tensión en los brazos, hombros y espalda. Concentrémonos en mantener la tensión (10 segundos). Soltemos ahora los brazos y dejémoslos caer pesadamente a los lados. Concentrémonos de nuevo en las sensaciones de pesadez, calor y relajación de los brazos (20 segundos).

119

3. Pasemos a la parte baja de las piernas; flexionemos los pies tratando de apuntar los dedos hacia las orejas. Notaremos cómo la tensión se va extendiendo por los pies, tobillos y espinillas. Mantengamos la tensión (10 segundos). Soltemos ahora la tensión de las piernas. Concentrémonos en la sensación de bienestar mientras las piernas se van relajando aún más (20 segundos).

4. Acumulemos después tensión más arriba, juntando ambas rodillas con fuerza y levantando las piernas de la cama o el sofá. Nos concentraremos en la tensión de los muslos y en los tirones que sentimos en las caderas. Visualicemos estas sensaciones desagradables (10 segundos). Soltemos ahora la tensión y dejemos caer las piernas pesadamente sobre la cama o sofá. Concentrémonos en soltar toda la tensión de las piernas (20 segundos).

5. Metamos el vientre hacia dentro. Notemos la tensión en el estómago (10 segundos). Soltemos el estómago y relajémonos. Concentrémonos en el calor y en la relajación en esta parte del cuerpo (20 segundos).

6. Respiremos profundamente y mantengamos el aire (10 segundos). Notemos la tensión en el pecho dilatado. Soltamos el aire despacio y sentimos cómo va desapareciendo la tensión. Concentrémonos en nuestra respiración suave y normal (20 segundos).

7. Imaginemos que los hombros están tirados por hilos, como marionetas, y bajan y suben hasta las orejas. Sintamos la tensión acumulada en los hombros, la espalda superior y el cuello. Mantengamos esta tensión (10 segundos). Soltamos esta tensión y dejamos caer los hombros. Dejémoslos caer todo lo que podamos. Notaremos la diferencia entre las sensaciones de tensión y relajación (20 segundos).

8. Bajemos la barbilla poco a poco hasta tocar el pecho. Notaremos el tirón y la tensión en la parte posterior del cuello (10 segundos). Relajémonos, soltando la tensión del cuello. Concentrémonos en relajar los músculos del cuello (20 segundos).

9. Apretemos los dientes y concentrémonos en la tensión de la mandíbula. Sintamos la fuerte tensión (10 segundos). Soltamos la tensión dejando que la boca se abra y que se relajen los músculos de la cara y la mandíbula (20 segundos).

10. Acumulemos tensión en la frente obligándonos a fruncir el ceño, bajando las cejas hacia el centro. Concentrémonos en la tensión de la frente (10 segundos). Soltemos tensión tratando de alisar todas las arrugas y de relajar la frente (20 segundos).

11. En este punto, probablemente sentiremos todo el cuerpo relajado y pesado. Cada vez que respiremos en silencio, pronunciaremos la palabra «relax» y respiraremos profundamente, imaginando que estamos soltando toda la tensión del cuerpo (haremos esto durante 10 respiraciones).

12. Concentremos la atención de nuevo en los pies y en la sensación de calor y pesadez (30 segundos). Dejemos que las sensaciones de calor y pesadez recorran despacio los pies y pasen a las piernas. Dejémoslas detenerse y circular (30 segundos). Dejemos que vayan subiendo mientras sentimos que los muslos se vuelven más calientes y pesados (30 segundos). Dejemos que el calor se extienda por los muslos hasta el vientre, y que el calor se instale allí (30 segundos). Notémoslo extenderse por la espalda (30 segundos) y luego por el pecho (30 segundos). Concentrémonos en dejar que la parte superior del cuerpo se vuelva caliente, pesada y relajada (45 segundos). Dejemos que el calor se extienda a brazos (30 segundos) y manos (30 segundos). Sigamos concentrados en crear esta sensación. Una vez que sintamos calientes y pesados los brazos y las manos, dejemos que el calor pase a los hombros (30 segundos) y el cuello (30 segundos). Dejemos, finalmente, que esta sensación se extienda a la cara y a la cabeza (30 segundos).

FIN de la grabación. A lo largo de todo este proceso de relajación, pensemos en lo que estamos sintiendo. Tratemos de concentrarnos en la sensación de relajación. Es importante poder recordar cómo ha surgido la relajación en las diferentes partes del cuerpo. No nos desanimemos si no nos notamos muy relajados al primer intento. Se necesitan algunas repeticiones para lograr el efecto deseado. Para obtener mejores resultados, practicaremos esta tabla al menos una vez al día durante dos semanas seguidas antes de pasar a la siguiente tanda de ejercicios.

Relajación abreviada

Si hemos practicado la tabla arriba indicada durante las dos últimas semanas y somos capaces de conseguir una sensación de relajación, estaremos listos para abordar la siguiente fase. Busquemos también un lugar cómodo y tranquilo, donde nos sentaremos o tumbaremos. Cerremos lentamente los ojos y respiremos despacio y suavemente. Al exhalar, repitamos para nosotros mismos en voz baja la palabra «relax» e imaginemos que estamos soltando toda la tensión y frustración acumuladas en el cuerpo.

En esta versión abreviada, nos saltaremos el tensamiento y aflojamiento musculares. Básicamente repetiremos sólo los ejercicios del nº 12 de las instrucciones anteriores. Empezando por los pies, visualizaremos mentalmente cada parte del cuerpo, imaginando que se vuelve caliente y pesada, y se relaja. Respecto a la tabla anterior, trataremos de recordar cómo se sintió cada parte del cuerpo cuando estaba relajada y reencontraremos esas sensaciones. Por ejemplo, cuando nos concentremos en los hombros, los dejaremos caer al experimentar y recordar las sensaciones de relajación. Dedicaremos el tiempo necesario en cada zona del cuerpo hasta notarla caliente y relajada, y luego dejaremos que estas sensaciones se extiendan a la zona siguiente. Recorramos despacio el resto del cuerpo. Recordemos que la respiración debe ser lenta y regular.

Si repetimos esto varias veces, seremos capaces de reencontrar las sensaciones de relajación. Practiquemos este método una vez al día durante dos semanas seguidas antes de pasar a la siguiente tanda de ejercicios.

Practicar los ejercicios de relajación en situaciones difíciles

Con la práctica, concentrándonos únicamente en reencontrar las sensaciones de relax, seremos capaces de relajar las diferentes zonas de nuestro cuerpo. Para que estas técnicas de relajación surtan todo su efecto, es aconsejable aprender a relajarse en circunstancias difíciles. Para ello crearemos varias imágenes activas que se puedan utilizar como escenario para nuestra práctica.

Las imágenes activas componen una técnica que emplean los psicólogos para ayudar a sus clientes a practicar diferentes tipos de ejercicios. Se suele empezar creando dos escenas que generalmente nos hagan sentirnos airados y luego nos ejercitamos mentalmente repasándolos en el pensamiento. Después de habernos encolerizado imaginando estas escenas, trataremos de utilizar las nuevas técnicas de relajación para reducir la ira. Para preparar las escenas de ira, pensemos que estamos escribiendo el guión de una minipelícula. Cada escena debería tener la longitud aproximada de una página, y conviene buscar los acontecimientos o situaciones que nos hacen enfurecer con más frecuencia. Al escribir estos guiones, no nos dejemos en el tintero ningún detalle importante como, por ejemplo, lo que vimos, oímos, olimos; lo que dijo la gente y cómo nos sentimos. La primera escena puede consistir en una experiencia de la vida real asociada con un nivel de ira moderado. La segunda escena puede versar sobre una situación de la vida real que generalmente hace que sintamos un nivel de ira intenso.

He aquí lo que Fran, una profesional de la publicidad, escribió para su primera escena:

Es un día normal y voy en coche al trabajo. Llego unos cinco minutos tarde, y la directora (MariAnne) me llama a su despacho, que es amplio y tiene una gran alfombra color gris. De las paredes, pintadas de blanco, cuelgan varias marinas. Ella lleva su habitual traje negro y tiene una expresión seria. Desde que la nombraron directora hace un año, MariAnne y yo no hemos vuelto a llevarnos bien. Parece estar buscando constantemente excusas para desmantelar mi departamento. Nuestro presupuesto se ha reducido, por lo que me he visto obligada a desprenderme de algunos elementos interesantes de la plantilla. Aún le guardo rencor por esto. Encima, se queja constantemente de que no producimos suficiente trabajo de calidad, lo que me parece especialmente injusto teniendo en cuenta que nuestros recursos se han visto muy mermados.

Pues bien, MariAnne me invita a tomar asiento al otro lado de su gran mesa de madera. Luego me anuncia que mi departamento dejará de encargarse paulatinamente de uno de nuestros grandes clientes. Al oír esto, empiezo a sentir tensión en los hombros y algo de náuseas en el estómago. Trato por todos los medios de contener la ira, pues tengo muchas ganas de soltarle unas cuantas verdades a la cara. Creo que esta situación es sumamente injusta y que ella está completamente decidida a ir por mí. También pasa por mi cabeza el pensamiento de que, junto con los demás directivos, está pensando en reducir drásticamente la plantilla, lo que acabará con mi propio despido. ¿Cómo voy a salir adelante económicamente? ¿Qué haré con mis hijos pequeños? Quiero gritar, pero la escucho en silencio, tragándome la ira.

La segunda escena puede comportar un nivel de dificultad muy alto. Intentemos basarla en un hecho de la vida real, pero con total libertad para pintarla todo lo negra que queramos. A Myles le ha costado mucho trabajo controlar su ira mientras conducía. He aquí cómo trazó su segunda escena de ira:

Vuelvo a casa del trabajo, y hace mucho calor. El sol está poniéndose, y siento que la camisa se me pega al cuerpo. Mientras conduzco, veo por delante una importante retención por obras en la carretera. Mientras espero a salir del atasco veo por el rabillo del ojo un tipo que avanza por el arcén y va dejando atrás a todo el mundo. Siento que los músculos se me empiezan a tensar y me digo: «¡No es justo!». De repente, el tipo trata de meterse justo delante de mí. Yo hago como si no lo viera. Él me pita y empieza a gritarme. Sigo haciendo como si no lo viera, mientras me digo para mis adentros: «El caradura es él, no yo». De repente saca la cabeza por la ventanilla y escupe a mi coche. Luego me dice que me pare, que me va a dar una patada en el trasero. Siento que mi cuerpo empieza a temblar, empiezo a devolverle los insultos y me pregunto si debo parar el coche para darle a ese tipejo la lección que se merece.

Una vez escritas nuestras escenas de ira, nos puede parecer útil grabarlas en un magnetófono para poder oírlas luego, cuando hagamos los ejercicios para reducir la ira. Antes de volver a oír estas escenas, busquemos un lugar tranquilo y realicemos la tabla de re-

124

lajación que hemos practicado con éxito durante las dos últimas semanas. Una vez que nos sintamos relajados, repasemos la primera escena de ira, visualizándola paso por paso. Podemos ayudarnos con el magnetófono. Mientras repasamos la escena, imaginemos que estamos viviendo realmente la situación que hemos creado. No la veamos únicamente como una película, sino que tratemos de implicarnos verdaderamente en ella. Dejemos que la ira y la tensión se acumulen mientras imaginamos el desarrollo de la situación. Sintonicemos con nuestros signos de ira físicos, como, por ejemplo, el ritmo cardíaco, la respiración, la tensión en las diferentes partes del cuerpo, los pensamientos, etc.

Una vez concluida la escena, y creada cierta ira y tensión en el cuerpo, intentemos de nuevo activar nuestras sensaciones de relajación. Concentrándonos en cada grupo muscular, dejemos que unas sensaciones de relajación calientes y pesadas se vayan apoderando de todo nuestro cuerpo.

Cuando se haya reducido la tensión y nos sintamos más relajados, imaginemos de nuevo la primera escena de ira. Dejemos que se acumule la ira, como hicimos la primera vez, mientras visualizamos el desarrollo de la situación. Concluida la escena, repitamos la tabla de relajación hasta relajarnos y calmarnos de nuevo. Conviene combinar la tabla de relajación con la escena de la ira unas tres veces durante cada sesión práctica. Nuestra sesión práctica tendrá más o menos este planteamiento: a) empezamos con relajación, seguimos con la escena de ira y volvemos luego a la relajación; b) la escena de ira va seguida nuevamente de la relajación; y c) la escena de ira va seguida una vez más de la relajación. Conviene empezar y terminar siempre con la relajación.

Tras un par de días practicando con la primera escena de ira, llegaremos a un punto en que nos resultará difícil encolerizarnos al imaginar la escena en cuestión. Este punto es el momento ideal para empezar a practicar la segunda escena de ira. Seguiremos los mismos pasos que en la primera.

Este método tiene varias ventajas. La primera, que reforzamos nuestras aptitudes de relajación como reacción ante situaciones difíciles. Aprendemos a calmarnos físicamente después de que la ira haya empezado a acumularse. En segundo lugar, al hacer frente repetidas veces a nuestras escenas de ira imaginarias, acabamos habituándonos a ellas. Con el tiempo, disminuirá nuestra reacción física ante estas situaciones y habrá menos probabilidades de que sobrerreaccionemos en caso de que se produzcan en la vida real.

Por supuesto, somos libres de crear otras escenas de situaciones en las que nos enfadamos, escenas que resulten útiles para nuestra práctica. Siempre que surja una nueva situación peliaguda, se aconseja crear una escena o guión y volver a practicar los ejercicios de relajación como reacción. Merced a este método, aprenderemos a relajar nuestro cuerpo en respuesta a las situaciones en que solemos dejarnos llevar de la ira.

Añadir enunciados racionales contra la ira

Otro recurso que podemos utilizar mientras practicamos las escenas de ira es ensayar enunciados racionales para hacer frente a este sentimiento. Se trata de enunciados destinados a ayudarnos a luchar contra filosofías propias de la ira y a concentrarnos en ideas más racionales y constructivas. Este tipo de enunciados aparece en algunos de los capítulos anteriores del libro.

Por ejemplo, tras una de nuestras escenas de ira podemos probar con varios enunciados racionales antes de pasar a la tabla de relajación. He aquí algunos ejemplos de enunciados contra la ira que Fran utilizó como respuesta a su escena de imágenes activas:

«Es *desagradable* verme tratada de esta manera, pero no es *horrible*. Mientras sigo trabajando para esta empresa, puedo buscar otro empleo.»

«Las conductas injustas forman parte de la vida. *Puedo soportarlas* sin reaccionar con ira.»

«Aunque ella (su jefa) me trate de esa manera, puede tener presiones por parte de sus superiores que yo desconozco. Me haré un flaco favor a mí misma si me tomo esto a mal.»

126

Por su parte, Myles ideó los siguientes enunciados racionales contra la ira para utilizarlos tanto para practicar su escena como para los momentos en que iba al volante de verdad:

«*Preferiría* que todo el mundo fuera siempre educado al volante; pero éste no es el caso. A menudo existen conductores maleducados.»

«*Puedo aguantar* la grosería de la gente, y no tengo por qué reaccionar con ira. En realidad, mi ira tiende a empeorar aún más estas situaciones fastidiosas.»

«No es *espantoso* que otros conductores se me cuelen cuando voy al volante. *Puedo superarlo.*»

«Aunque otras personas actúen a veces de manera descortés cuando van al volante, es probable que sean buenas personas en otras situaciones y que simplemente tengan una prisa especial por llegar a su destino.»

Utilizar nuestros ejercicios en situaciones generadoras de ira

Si hemos practicado los ejercicios para reducir la ira que explicamos en este capítulo, estaremos listos para empezar a aplicarlos a situaciones de la vida real. Ante todo, procuremos utilizar nuestra tensión corporal como señal de aviso de que es hora de empezar a poner en práctica nuestras nuevas estrategias. No esperemos a estar poseídos de la ira. Si dejamos que ésta alcance un nivel alto, nos resultará difícil utilizar las técnicas descritas, que surten mayor efecto en las primeras fases del encolerizamiento.

Cuando notemos que empezamos a enojarnos, repitamos algunos de los enunciados racionales contra la ira que hemos establecido para las situaciones difíciles. Podemos anotarlos en fichas, aprenderlos de memoria o grabarlos en una casete. Procuremos tenerlos a mano cuando la situación se ponga fea.

Luego podemos respirar de manera lenta y suave. Repetiremos en voz baja la palabra «relax» mientras expulsamos el aire. Con cada exhalación, imaginaremos que soltamos también la tensión acumulada en el cuerpo. Luego trataremos de concentrarnos en una parte concreta del cuerpo y de visualizar mentalmente las sensaciones de calor y de pesadez de la relajación. Trataremos de activar estas sensaciones mientras respiramos, repartiéndolas por todo el cuerpo.

Como ocurre con la mayoría de los ejercicios incluidos en este libro, si los utilizamos asiduamente en las situaciones de la vida real, acabarán volviéndose automáticos. Por supuesto, podemos sufrir algún chasco o revés de vez en cuando. Cuando ocurra esto, no deberemos desalentarnos, sino que trataremos de volver a practicar nuestros ejercicios. Siempre podemos crear nuevas escenas de ira que nos ayuden a enfrentarnos a situaciones difíciles que puedan surgir en la práctica. Utilicémoslas cada vez que empecemos a notar la presencia de tensión o de una clara frustración.

12

Más ideas para liberarnos de la ira

La TREC, enfoque pionero de la teoría de la personalidad y de la psicoterapia, tiene aspectos emotivos y conductuales muy potentes e integrados. Hasta aquí sólo hemos presentado una tabla cognitiva para examinar y arrancar de raíz pensamientos y sentimientos de ira, es decir, D —disputar las creencias irracionales (Cri)—. Aunque disputar es un aspecto complejo que incluye Debatir y Diferenciar, constituye sólo un enfoque filosófico de la ira.

Si trabajamos este disputar con fuerza, intensidad y constancia, quizá no necesitemos otros métodos cognitivos para desenmascarar y desalojar nuestras Cri. Sin embargo, con el paso de los años, los terapeutas de la TREC han descubierto otros métodos que ayudan a examinar y reducir nuestro pensamiento contraproducente. Describamos ahora algunas variaciones importantes sobre la manera como enjuiciamos nuestra ira.

Utilizar el ejercicio de disputar creencias irracionales (DCri)

Podemos utilizar, en primer lugar, la técnica denominada disputar creencias irracionales (DCri), que nos ofrece una manera más sistemática de tomar una de nuestras ideas absolutistas y «hacerla trizas» sistemática y repetidamente hasta que ya no tendamos a suscribirla. Al igual que otros métodos de la TREC, podemos practicar la DCri ocasional o regularmente —por ejemplo, unos minutos al día durante varios días seguidos—. Yo (A.E.) trato de esta técnica general DCri en la edición revisada de *How to Live With a «Neurotic» (Cómo vivir con un «neurótico»),* así como en el último capítulo de *A Guide to Rational Living (Guía para una vida racional)* y en un folleto publicado por el *Institute for Rational Emotive Behavior Therapy.* La presentaremos aquí para poderla aplicar específicamente al problema de nuestra ira.

Supongamos, una vez más, que Jack y Joan se han comprometido a compartir piso con nosotros, nos han convencido para que gastemos bastante acondicionándolo y luego han incumplido su palabra de manera injusta e irresponsable negándose a mudarse con nosotros o a resarcirnos por las molestias y gastos que nos han causado. Nos sentimos sumamente enfadados con ellos y vemos enseguida —según el modelo de la TREC— que nuestra primera Cri generadora de ira es: *«Bajo ningún concepto deberían* haberme tratado de manera tan injusta».

Recurramos ahora al DCri para cuestionar y poner en tela de juicio este pensamiento. Nos haremos las preguntas que se especifican a continuación y, a poder ser, escribiremos cada pregunta en una hoja de papel con sus respectivas respuestas, de manera que las podamos revisar y sumar:

Pregunta 1: *¿Qué Cri quiero disputar y abandonar?*

Respuesta ilustrativa: *«Bajo ningún concepto deberían* haberme tratado de manera tan injusta».

Pregunta 2: *¿Puedo fundamentar racionalmente esta creencia?*

Respuesta ilustrativa: «No, no creo que pueda».

Pregunta 3: *¿Qué pruebas existen sobre la inexactitud de dicha creencia?*

Respuestas ilustrativas:
1. «Tal vez no actuaron de manera tan injusta. Es cierto que su acción me parece completamente equivocada e irresponsable. Pero puede que tengan, como cualquier otra persona, una visión diferente del asunto. Y su visión quizá tenga cierta validez. Así, ni siquiera sé si estoy seguro al cien por cien de su incorrección e irresponsabilidad.»

2. «Suponiendo que pueda probar, según los patrones morales al uso, que se han portado de manera equivocada e injusta conmigo, ¿qué ley del universo dicta que no *deben* portarse de esa manera, o que *tienen que* actuar de manera equitativa? ¡Ninguna! Aunque a mí, y a otras personas, nos parezca correcto y adecuado que actúen conmigo de manera justa y equitativa, no *están obligados* a ello.»

3. «Si *hubieran debido* tratarme de manera justa y no de manera injusta, me *habrían* tratado así, pues, ¿cómo no iban a hacer lo que *deben* hacer? El hecho de no *haberme tratado* de manera equitativa parece probar claramente que no hay motivos por los que *hayan debido* hacerlo.»

4. «Cuando me digo: "No deberían haberme tratado de manera tan injusta", realmente parezco querer decir que a) las condiciones que existieron en el momento en que me trataron de esa manera no deberían haber existido, y que b) ellos no deberían haberlas aplicado, si es que existieron. Pero, por supuesto, las circunstancias de sus vidas, su historia, su personalidad, su constitución biológica, etc., existieron en el momento en que me trataron injustamente. Y si estas condiciones existieron, ¿cómo *no* iban a observarlas, tal y como yo exijo? Supongamos, es un decir, que sus padres se opusieron por completo a lo que yo quería que hicieran y que, a causa de su indebida sumisión a sus padres, se plegaron a sus objeciones y decidieron inhibirse respecto a nuestro acuerdo. Con mi enunciado *"No deberían* haberme tratado tan injustamente", estoy insistiendo de hecho en que sus padres no deberían haberse opuesto y/o que Jack y Joan no deberían haberse plegado a ellos. Pero, ¿cómo puedo *hacer* yo legítimamente que sus padres renuncien a sus objeciones o que ellos hagan caso omiso de sus padres? Naturalmente, no puedo.»

5. «Al exigir que no me traten de manera injusta parezco creer en el enunciado: "Como teóricamente podían *no* haber actuado de manera equitativa, en la práctica *no deberían* haber actuado de esa manera". Pero resulta claro que éste es un silogismo *non sequitur*: la conclusión no se sigue lógicamente de la premisa. Por verdadera que pueda parecer la afirmación de que en teoría po-

dían haber elegido no tratarme injustamente, eso no significa en modo alguno que, por lo tanto, *deban* de hecho actuar de manera equitativa.»

6. «Al exigir que me traten de manera equitativa creo firmemente en esta proposición: "Como quiero con todas mis fuerzas que actúen de esa manera, *tienen* que darme lo que quiero". Pero ¿qué validez parece tener esta proposición? Realmente ninguna.»

7. «También parezco creer que, porque los he tratado bastante correctamente a lo largo de toda nuestra relación, ellos *deben* tratarme con la misma corrección. Otra idea descabellada.»

8. «Yo los considero *personas malas* por haberme tratado mal. Pero, aunque pueda probar, para satisfacción de casi todo el mundo, que me han tratado de manera injusta e incorrecta, estoy generalizando indebidamente al conceptuar*los,* con toda su *personalidad,* como personas malas por haberme tratado de esta manera tan vil. Seguro que tienen también algunos rasgos buenos. Entonces, ¿cómo puedo considerar*los* legítimamente como no buenos?»

9. «Cuando digo: *"No deberían* haberme tratado de esa manera tan injusta"*,* estoy dando por supuesto, al utilizar el verbo *deber,* una *obligación* perentoria. No digo: "Sería *preferible* que me trataran de manera procedente" o "Es *más que probable* que consiguieran mejores resultados, para sí mismos y para la sociedad en general, si nos trataran a mí y a los demás de manera equitativa". Dogmatizo y absolutizo al decir que *"Deben* tratarme de manera equitativa". Pero, que yo sepa, no puedo probar ningún dogma, y el inventarlo y sentirme completamente convencido de su verdad es un acto fútil.»

10. «Si bien no puedo probar la verdad de la creencia "No deberían haberme tratado tan injustamente", sí *puedo* probar que, si sigo suscribiendo esta creencia, con toda probabilidad me sentiré muy enfadado con ellos y seguiré sintiéndome encolerizado durante tal vez varios meses o años, reduciendo así las posibilidades de tratar con ellos de manera eficaz. Aunque mis afirmaciones generadoras de ira parezcan difíciles de probar, los daños resultantes de creerlas a pie juntillas pa-

recen sumamente fáciles de probar. Así pues, es mejor renunciar a ellas.»

11. «Al exigir que me traten de manera equitativa, estoy dando a entender que *no aguanto* su trato improcedente y que sólo puedo sobrevivir y llevar una existencia feliz si alguna fuerza del universo los hace corregir su conducta errónea y empiezan a tratarme de manera equitativa. Naturalmente, mis ideas a este respecto son puras paparruchas, pues, aunque nunca me *gustará* su trato injusto, *puedo* soportarlo sin duda y, si dejo de enrabietarme tontamente con ellos, podré tener una vida larga y razonablemente feliz a pesar de su conducta injusta pasada, presente y futura.»

Pregunta 4: ¿Existen pruebas acerca de la exactitud de mi creencia respecto a Jack y Joan; es decir, de mi suposición de que no deberían haberme tratado de manera injusta y de que son gente mala por haber hecho lo que no deberían haber hecho?

Respuesta ilustrativa: «No, no hay ninguna prueba que se me pueda ocurrir. Puedo conseguir algunos datos que muestren que me han tratado injustamente, como, por ejemplo, conseguir que otras muchas otras personas convengan en que me han tratado injustamente. Por tanto, puedo sostener que su *conducta* es mala o inmoral, pero no tengo ninguna prueba de que sean *malas personas* a causa de esa conducta. Así, a lo sumo, mi creencia respecto a ellos es sólo parcialmente exacta, y algunos aspectos importantes de la misma parecen muy exagerados y fundamentalmente imprecisos».

Pregunta 5: ¿Qué cosas malas me pueden ocurrir en la práctica si Joan y Jack siguen tratándome de manera injusta?

Respuestas ilustrativas:

1. «No me van a resarcir económicamente por el tiempo, molestias y dinero que me ha costado acondicionar el piso que ellos aceptaron compartir conmigo, y, por tanto, seguiré padeciendo un auténtico fastidio como resultado de que no hayan cumplido su palabra.»

2. «Posiblemente den a la gente una versión falsa de nuestro contencioso, y la convenzan de que ellos actuaron correctamente y yo no. Esto empañaría mi buen nombre y reputación.»

3. «Como resultado de su antipatía, y tal vez también de haber inducido a otros a tenerme la misma antipatía, puede que yo padezca más engorros todavía.»

4. «Vivir solo en mi nuevo piso, o tener que compartirlo con otra persona distinta por el incumplimiento de su palabra, puede ser bastante engorroso.»

5. «Es posible que siga teniendo líos con ellos, sobre todo si seguimos en contacto en el futuro. Aunque resolvamos de alguna manera nuestras diferencias, nos quedará una sensación de mal sabor de boca y ya no podremos tener la misma confianza y amistad que antes.»

«Todas estas cosas serán malas para mí, si es que ocurren; pero no serán ni *terribles* ni *espantosas*. Puedo soportarlas y seguir llevando una vida razonablemente feliz.»

Pregunta 6: *¿Qué cosas buenas pueden ocurrir, o puedo hacer que ocurran, aunque Jack y Joan sigan tratándome de manera injusta sin que yo pueda evitarlo?*

Respuestas ilustrativas:
1. «Puedo ganar en afirmación personal al enfrentarme a su conducta injusta y hacer lo posible por conseguir que cambien de actitud y conducta hacia mí.»

2. «Puedo pasarlo bien viviendo solo o encontrando a otra persona que comparta conmigo el piso.»

3. «El tiempo y la energía que me ha costado mantener la amistad con ellos los puedo emplear ahora en comportarme amablemente con otras personas y buscar nuevas diversiones.»

4. «Puedo practicar mis tablas de discusión y debate tratando de conseguir que vean las cosas de manera diferente y que dejen de portarse injustamente conmigo.»

5. «Puedo utilizar esta situación injusta que he vivido con ellos como reto para mejorar mis actitudes personales, para reconocer que soy yo quien crea fundamentalmente la rabia cuando otros

me tratan mal, para cambiar mi filosofía vital generadora de ira y prepararme para actuar de manera más constructiva y con menos rabietas y berrinches destructivos cuando otras personas me traten de manera injusta en el futuro.»

El ejercicio de DCri se limita a organizar algunos de los aspectos más importantes para disputar las Cri cuando surgen situaciones odiosas e indeseadas. Es un planteamiento sistemático del disputar mediante una serie concreta de preguntas que nos formulamos siempre que nos sentimos emocionalmente alterados en C (consecuencia emocional). Por supuesto, podemos aplicar el DCri a los sentimientos de ansiedad, depresión, desesperación y autoconmiseración, así como a la baja tolerancia de la frustración y a la ira. Como se habrá advertido sin duda, esta técnica ayuda a hacer un planteamiento concertado y metódico y pretende que la utilicemos regularmente, al tiempo que nos anima a hacerlo por escrito o con la ayuda de una grabadora, con el objetivo de que revisemos constantemente nuestro D (disputar) presente y lo podamos mejorar.

Referenciar o resaltar el coste de la conducta contraproducente

Otro método cognitivo para arrancar de raíz las Cri es la técnica inventada por Joseph Danysh (y mencionada en su libro *Stop Without Quitting*). Es un método que se sirve de los principios de semántica general ideados por Alfred Korzybski. Este autor sostiene que casi todos los humanos tendemos a generalizar de manera espontánea y a menudo inventamos significados equívocos. En consecuencia, tendemos a frustrarnos a nosotros mismos y a portarnos de manera malsana sacando conclusiones imprecisas, fruto de nuestro deficiente uso del lenguaje (semántica). Algunos seguidores de Korzybski, como es el caso de Wendell Johnson y S. I. Hayakawa, han aplicado estas enseñanzas al campo de la perturbación emocional, y gran parte de sus análisis se han incorporado a la TREC, método que, por cierto, varios investigadores eminentes consideran una de las terapias semánticas más importantes.

Como se ha dicho, la teoría de Joseph Danysh incorpora los principios de generalización semántica, y con su técnica referenciadora nos ofrece una herramienta de pensamiento para ocuparnos de algunas de nuestras Cri, así como un método realista para cambiarlas.

Aplicada al problema de la ira, podemos utilizar la técnica *referenciadora* de la siguiente manera: supongamos que nos encendemos en ira cada vez que oímos hablar de alguien que nos ha hecho la pascua en el pasado, y que ahora queremos reducir nuestros sentimientos de ira. Decirnos a nosotros mismos: «No te enfades. No te enfades», no servirá de mucho; a lo sumo, puede servir para sofocar la ira momentáneamente. Pero no para hacerla desaparecer.

En este caso, nuestro problema emocional consiste probablemente en nuestra *deficiente referenciación*, en confundir nuestras ideas sobre la *conducta* de la persona con nuestras ideas sobre la *persona propiamente dicha*, de manera chapucera, tópica y generalizada. Así, si alguien nos pide que le indiquemos el significado o lo que pasa por nuestra cabeza cuando pensamos en la conducta de esa persona, probablemente digamos algo así: «Su conducta es malvada, injusta, horrible y perversa. Es una mala persona, un individuo malvado que siempre se comporta de manera injusta. Es una de esas personas que no puedo tragar».

Esta confusión excluyente, unilateral y generalizadora de los términos que describen la conducta de una persona con la persona propiamente dicha probablemente nos haga sentirnos excepcionalmente agresivos con ella. Mientras insistamos en configurar esta relación, descubriremos que es casi imposible reducir nuestros sentimientos de ira y ver la conducta de nuestro adversario bajo una luz más precisa.

La técnica referenciadora de Danysh nos obliga a superar nuestros prejuicios unilaterales acerca de la conducta de la gente y a utilizar unos términos más apropiados para describir tanto a las personas como a sus acciones. Consiste en tomar una palabra relativamente neutra, como, por ejemplo, «conducta», y obligarnos a enumerar los referentes más específicos, o descripciones concretas, que la componen. El método de Danysh nos anima a prestar particular atención a *muchos* de los distintos significados

136

de un término en vez de a unos pocos significados (tópicos) solamente.

Por ejemplo, mientras pensamos en la lamentable conducta de
alguien en concreto —de una amiga, pongamos por caso—, escribiremos una lista de términos negativos para describir esa conducta, tales como «malvada, poco bondadosa, improcedente, horrible,
espantosa, perversa, odiosa». Luego, en la misma hoja, haremos un
esfuerzo de imaginación para pensar y poner por escrito cualquier
término que a nuestro entender describa aspectos positivos y buenos de su conducta, como, por ejemplo, «correcta casi siempre pero
no esta vez; probablemente correcta desde su punto de vista pero
no desde el mío; actúa pensando en su propio interés, igual que yo;
recta, decidida, segura de sí misma; a veces muy simpática y atenta
con los demás; preocupada por los demás en general». Por último,
podemos describir algunos de los aspectos neutros de su conducta:
cosas que haga o diga que no sean ni «buenas» ni «malas», sino
simples rasgos de su temperamento, como, por ejemplo, «le intere-
san muchos aspectos de la vida; aficionada a la música pero no a
los deportes; participa en muchas actividades públicas...».

Al referenciar, de la manera más precisa y completa que podamos, *todas* nuestras diferentes ideas sobre la conducta de esta amiga, nos obligamos a tener una visión más holística, más precisa y
menos unilateral de ella en general. Así, nuestra visión unilateral de
su conducta —«malvada, poco bondadosa, injusta, horrible»— irá
disminuyendo poco a poco. Empezaremos a verla de manera plura-
lista y no ficticia, y dejaremos de encasillarla a partir de un ejemplo
puntual de mala conducta.

Si nos obligamos a utilizar esta técnica referenciadora, especialmente cuando nos sintamos muy enfadados con alguien, descubriremos que podemos desdramatizar su mala conducta y empezar a
tener una visión más seria, precisa y realista de esa persona. La referenciación no nos hará perdonar y desenfadarnos automáticamente con todas las personas que encontremos ni aceptar las juga-
rretas que nos hayan hecho. Pero nos ayudará en nuestro propósito
las más de las veces. Cuando nos hayamos acostumbrado a ella,
descubriremos, después de cierto tiempo, que ya no nos enfadamos
con la frecuencia e intensidad con que lo hacíamos antes.

Utilizar la intención paradójica

Otro buen método que podemos utilizar tanto en el plano cognitivo como conductual consiste en lo que Viktor Frankl denomina la intención paradójica. Cada terapeuta la utiliza de distinta manera y a menudo con distintos nombres. Por intención paradójica, la TREC entiende reducir al absurdo las creencias irracionales. Si empleamos la intención de manera paradójica, podemos reducir cualquier idea al —o amplificarla hasta el— absurdo, exagerando en nuestra mente las implicaciones más desaforadas de la idea original. Por ejemplo, si queremos que alguien haga algo por nosotros y nos enfadamos porque se niega a colaborar, exageraremos nuestras ansias de poder o control sobre este alguien de la manera siguiente: «Por supuesto, tiene que hacer lo que yo quiero que haga. Yo ejerzo el control absoluto sobre su conducta. Si se niega a pasar repetidas veces por el aro para complacerme, puedo encadenarlo y azotarlo hasta que lo haga las veces que yo quiera. En realidad, si deseo que me dé un millón de dólares o que se revuelque en el lodo ante mí diez veces al día, hará sin rechistar lo que a mí se me antoje. Como yo deseo que haga una cosa, no le queda más remedio que hacerla. Y si se niega, caerá sobre él todo el peso de mi ira y lo haré picadillo».

Si llevamos esta idea de controlar a una persona hasta extremos tan ridículos, no tardaremos en percatarnos de que realmente no ejercemos ningún control sobre dicha persona, la cual tiene todo el derecho del mundo a hacer lo que le plazca por mucho que esto nos incomode. Nos percataremos asimismo de que la naturaleza humana no es tal y como nosotros ordenamos que sea. Al final acabaremos renunciando a nuestra insensata presunción de que la gente se ha de comportar siempre tal y como nosotros deseamos que se comporte.

Pero esta intención paradójica no sólo la podemos utilizar en nuestra mente, según se ha descrito más arriba, sin también en el plano conductual. Si los demás nos tratan de manera injusta, y nos sentimos especialmente iracundos, en vez de decidir castigarlos podemos intentar obligarnos a seguir la vía opuesta y actuar cortésmente con ellos. Podemos fraternizar con ellos de distintas maneras: por ejemplo, invitándolos a desempeñar alguna función que sabemos que será de su particular agrado, haciéndoles algún favor especial, o mostrando en general hacia ellos una atención y simpatía inhabituales. Mediante esta conducta paradójica, conseguiremos, en primer lugar, no sentirnos iracundos en vez de lo contrario. En segundo lugar, al ponerles la otra mejilla, les damos buen ejemplo y les demostramos que un trato injusto no tiene por qué producir necesariamente rabia en la persona agraviada. En tercer lugar, tal vez los alentemos a arrepentirse de lo mal que nos han tratado. Finalmente, quizá los animemos a portarse amablemente con nosotros e incluso a resarcirnos del daño causado.

No pretendemos decir que este tipo de filosofía de poner la otra mejilla funcione siempre o que sea aconsejable en todos los casos. Pero si vemos que es una idea sensata y lo hacemos por motivos paradójicos (y no necesariamente siempre que alguien nos trate de forma injusta), es posible que con ello salgamos ganando y reduzcamos considerablemente nuestros sentimientos de encono.

La intención paradójica también puede reducir la testarudez humana. Si alguien nos trata de manera injusta y nosotros reconocemos que ese alguien tiene algún problema emocional, podemos *perversamente* seguir sintiéndonos coléricos, y actuar de manera colérica con él/ella a fin de mantener nuestra falsa integridad y sentirnos así «más fuertes», cuando en realidad seguimos actuando débilmente. Esta paradoja suele darse entre nosotros y nuestros familiares durante la infancia. Por ejemplo nos aconsejan, por nuestro propio bien, que nos levantemos rápidamente cuando suene el despertador por la mañana y que vayamos al colegio con tiempo suficiente. No nos gusta levantarnos tan temprano y nos resistimos a ello perezosamente (dada nuestra baja tolerancia de la frustración). Pero también vemos que, al resistirnos, tenemos problemas con los profesores y no se cumplen (saboteamos) algunos de nuestros objetivos, como, por ejemplo, sacar buenas notas en el bachillerato para poder así matricularnos en una buena universidad.

Perversamente podemos decirnos algo así: «No quiero levantarme tan temprano para dar gusto a mis padres. ¡Ni lo sueñen! Eso demostraría que soy un fantoche que baila al compás que ellos imponen. ¡Se van a enterar! Me quedaré adrede en la cama y así les demostraré mi fuerza y mi personalidad». Si reaccionamos así, como niños —o, para el caso, como adultos—, en realidad estaremos tirando piedras sobre nuestro tejado. Como nuestros padres nos aconsejan que nos levantemos temprano, nos convencemos tonta —y perversamente— de que si lo hacemos seguimos sus directrices y lo hacemos por *ellos*. Consideramos una debilidad el cumplimiento de las normas, cuando en realidad es una muestra de fuerza. Nos resistimos a ello, cargados de razón y de «fuerza», aunque en realidad estamos actuando de manera insensata y débil.

Algo parecido suele ocurrir con la ira. A veces nos sentimos furiosos por haber recibido un trato injusto y consideramos que nuestra furia es algo contraproducente y tal vez también un acicate para que los demás nos traten de manera más injusta todavía. Pero, en vez de intentar cambiar nuestra filosofía imperativo-dogmática sobre la conducta de la gente, nos mantenemos en nuestros trece convencidos de que nos sentimos intensa y racionalmente furiosos y de que es *mejor* mostrarnos furiosos con quien nos haya hecho algún feo. Convencidos de que actuando de otra manera seríamos «débiles» y perderíamos nuestra personalidad, decidimos mantener nuestra rabia, aun cuando nos damos cuenta en cierto modo de que ésa es una postura irracional. En realidad, renunciar a la ira, al tiempo que mostramos una clara aversión hacia los actos de la gente, nos hace mucho más fuertes y nos reporta mayores resultados. Pero si lo vemos de otra manera, y tal vez nos enfurecemos y buscamos vengarnos de la persona que ha sido injusta con nosotros, seguiremos sintiéndonos iracundos.

Cuando interrumpimos la perversidad «fuerte» con la intención paradójica y mostramos una actitud deliberadamente amable con los demás a pesar de su conducta injusta, estamos luchando paradójicamente contra nuestra irracionalidad e intentando renunciar a ella. Actuando de manera paradójica podemos obtener mejores resultados en relación con lo que queremos realmente para nosotros mismos y con las buenas relaciones que deseamos tener.

Rachel Hare propone otra forma de intención paradójica que yo (A.E.) he utilizado para ayudar a mis clientes a reducir sus acciones y sentimientos de ira. Consiste en imponernos unas condiciones restrictivas que fomenten nuestros estallidos de ira. Uno de mis clientes se sentía excepcionalmente furibundo y combativo cada vez que pensaba que alguien escupía en la calle en su dirección y lanzaba la saliva hacia él. Pues bien, lo convencí para que hiciera consigo mismo el pacto de dejarse llevar de la ira sólo cuando pudiera probar, con pruebas fehacientes, y a poder ser con el refrendo de algún testigo, que había sido el blanco de un escupitajo real. Como no pudo probar esto prácticamente nunca, sus arrebatos de ira amainaron de manera considerable.

Para utilizar con nosotros mismos esta técnica paradójica, escojamos una serie de condiciones en las que sintamos haber sido tratados de manera injusta, y que no sólo nos produzcan rabia, sino que también nos empujen a actuar con rabia. Restrinjamos luego esta serie de situaciones. Permitámonos, mediante un «autopacto», encolerizarnos sólo cuando a) todo el mundo esté de acuerdo en que alguien nos ha tratado de manera verdaderamente injusta, b) todo el mundo esté también de acuerdo en que esta conducta injusta nos ha causado un daño considerable, y c) podamos probarnos a nosotros mismos que hemos perdido una suma considerable de dinero a causa de este trato injusto.

Si nos damos permiso, de esta manera paradójica, para sentirnos coléricos y expresar nuestra rabia de manera libre al tiempo que nos restringimos también a nosotros mismos, pronto descubriremos que podemos vivir con nuestras restricciones, que somos nosotros los que creamos nuestra propia ira y que tenemos capacidad para limitarla y controlarla. Estas técnicas paradójicas funcionan porque nos impiden tener pensamientos desesperados del tipo: «Me tengo que sentir furioso», o «No me tengo que sentir furioso». Nos brindan asimismo una amplia gana de posibles acciones y nos ayudan a convencernos de que podemos «actuar» bien utilizando dicha gama.

El empleo del humor

El humor corta de raíz nuestra manera seria de enfocar los acontecimientos desagradables y, por tanto, torna innecesaria nuestra ira. Jerry Deffenbacher, destacado investigador del tratamiento de la ira, recomienda el empleo del humor tonto para reducir la cólera.

Según él, reírnos de nosotros mismos por haber perdido los estribos nos ayuda a volver sobre nuestros pasos y a recapacitar sobre nuestras rígidas creencias generadoras de rabia.

Los terapeutas de la TREC también utilizan frecuentemente varios tipos de jocosidad con objeto de que sus clientes aprendan a ridiculizar sus actitudes demasiado solemnes y a aceptarse a sí mismos en los planos tanto cognitivo como emotivo. En 1976, yo (A.E.) pronuncié en Washington, D.C., una conferencia, ahora bastante famosa, titulada «La diversión como psicoterapia», durante la convención anual de la Asociación Psicológica Americana, conferencia que causó sensación porque en el transcurso de mi exposición canté —sí, canté— dos de mis canciones humorísticas racionales.

Decía yo en aquella conferencia:

> Si las perturbaciones humanas se deben en su mayor parte a un exceso de seriedad y si, como se hace en la TREC, a los terapeutas les conviene atacar con realismo y decisión algunos de los pensamientos tontos de sus clientes, ¿qué mejor vehículo para este tipo de disputar que el humor y los chistes?... Permítanme recordarles que en la modalidad de humor terapéutico que yo propongo cabe prácticamente todo tipo de jocosidad, como, por ejemplo, exagerar las cosas, reducir las ideas al absurdo, las intenciones paradójicas, los juegos de palabras, las frases ingeniosas, la ironía, el lenguaje fantasioso y evocador, el argot, el empleo deliberado de un lenguaje subido de tono y de los tacos, etcétera.

Siguiendo esta pauta de la TREC, podemos reírnos de nosotros mismos cuando veamos que empezamos a enfadarnos buscando la exageración burda a la hora de emitir un juicio sobre lo que los demás *deben* hacer para satisfacernos y cómo *deben* marchar las cosas para que nuestra vida resulte más fácil, consiguiendo combatir con ello cognitiva y emotivamente nuestros juicios bobos. Cuando exijamos una buena conducta por parte de los demás, podemos pensar esto, por ejemplo: «Oh, sí. Yo siempre actúo perfectamente bien. *Nunca* trato a los demás de manera injusta ni incumplo mis promesas. Bueno, casi nunca...». Cuando pensemos que necesitamos la absoluta aprobación de los demás, y que los demás son unas sabandijas por no dárnosla, pensemos en lo desastrosamente mal que nos va en materia de amor y en lo dictadores que somos. Cuando nos quejemos y gimoteemos por las deplorables condiciones económicas, políticas o sociales de la actualidad, digámosnos algo así: «Oh, sí. Yo rijo el universo, y será siempre como yo diga. Y además, *inmediatamente*. Los demás vivirán con frustraciones y penalidades. Pero yo no...».

Traigamos también a colación lo que a menudo dicen a sus clientes los terapeutas de la TREC: «La vida, nos guste o no, es por regla general un F-O-L-L-Ó-N. ¡Hay que joderse!». Cuando exijamos imperiosamente tener asegurado el éxito, el amor, un trato justo y una vida tranquila, digámonos esto: «Creo que voy a enmarcar un bonito certificado en que se me garantice con absoluta certeza, sin la menor sombra de duda, que siempre voy a conseguir exactamente lo que desee y en el mismísimo instante en que lo desee. Entonces me irá todo a pedir de boca y no tendré que enfadarme por nada en el mundo».

Empleemos igualmente el humor contra nuestras ideas descabelladas, pero no, por supuesto, contra nuestra propia persona. Y si queremos cantarnos a nosotros (o a los demás) alguna de las canciones humorísticas y racionales de la TREC, podemos utilizar las que se recogen en la antología de canciones *A Garland of Rational Songs (Ramillete de canciones racionales):* *

¡LLORO, LLORO, LLORO!
(música de la «Whiffenpoof Song» de Yale)

No consigo que se cumplan mis deseos,
¡lloro, lloro, lloro!
No consigo ahuyentar mis frustraciones,
¡lloro, lloro, lloro!

* Letra de Albert Ellis. Copyright Albert Ellis Institute for Rational Emotive Behavior Therapy.

La vida me debe todo lo que estoy perdiendo,
el destino me debe la bendición eterna.
Y si no consigo todo esto,
   ¡lloraré, lloraré, lloraré!

LA PERFECTA RACIONALIDAD
(música de «Funiculì, Funiculà», de Luigi Denza)

Todo tiene que sonreírme,
y no hay más que hablar, y no hay más que hablar.
Y si el carro se me tuerce
   la hemos fastidiao. La hemos fastidiao.
Que se entere bien todo el mundo,
   que soy el mejor, que soy el mejor.
Siempre tengo que demostrar,
   que el menda no tiene rival.
Perfecta racionalidad
es lo que mejor me va.
Soy más papista que el Papa.
   ¡Viva la infalibilidad!
Yo sólo adoro la perfecta racionalidad.

OJALÁ NO ESTUVIERA LOCO
(música de «Dixie Land», de Dan Emmet)

¡Ojalá tuviera los tornillos en su sitio!,
y tersa la mente como cuero reluciente.
   ¡Oh, qué bonito estar
   en tan alto pedestal!
Pero me temo que el destino
me reserva algún desatino.
   ¡Oh, qué triste estar majara
   como mi papá y mi mamá!
   ¡Ah, si no estuviera loco! ¡Hurra, hurra!
   ¡Ah, si no me empujara la mente

144

a ser tan demente!
Podría decidir ser menos mochales.
¡Pero soy tan perezoso...!

ÁMAME, ÁMAME, SÓLO A MÍ
(música de «Yankee Doodle»)

Ámame, ámame, sólo a mí,
    o me moriré sin ti.
Si amor no me garantizas,
    harás mi corazón trizas.
Ámame, ámame absolutamente,
    y me irá mejor en la vida.
Como me dejes solito,
    por siempre te odiaré, querida.
Ámame, ámame todo el tiempo,
    total y ciegamente;
la vida es gelatina y lodo
    si no me amas a mí solo.
Ámame con suma ternura,
    sin peros ni sin embargos.
Pues, como no me ames tanto
    odiaré tus besos amargos.

Reducir la ira hacia los íntimos

Como tenemos bastante experiencia en el asesoramiento de matrimonios y familias, mucha gente nos pregunta si puede refrenar o controlar la ira con la esposa o con otras personas con las que mantiene una relación estrecha. ¡Pues claro que puede! El doctor David Mace, famoso consultor matrimonial, señala en un interesante artículo publicado en *Journal of Marriage and Family Counseling* que los sentimientos de ira, conscientes e inconscientes, afectan sin duda al amor de manera negativa y figuran entre las causas más corrientes de ruptura de relaciones íntimas. Arremete asimismo con

145

razón contra el concepto de «conflicto conyugal» de George Bach y sus seguidores y señala que, si tenemos especial tendencia a discutir y a disgustarnos con nuestra pareja, podemos utilizar el planteamiento de la TREC, según el cual es mejor diluir y disipar nuestra ira que expresarla o desviarla.

Más concretamente, propone tres métodos especiales para lograrlo:

1. Reconocer nuestra ira. Decir a nuestra pareja: «Estoy enfadado contigo» con la misma naturalidad que si le dijéramos: «Estoy cansado» o «Estoy asustado».
2. Renunciar a nuestra ira por su carácter malsano. Aunque nuestra pareja nos haya tratado de manera injusta, debemos tener la valentía de reconocer que somos nosotros quienes creamos nuestra propia ira, que no tenemos necesidad de crearla y que generalmente perjudicamos nuestras relaciones al sentirla y expresarla contra nuestra pareja.
3. Pedir ayuda a nuestra pareja. Mostrarle que tenemos problemas para hacer frente a nuestra ira y pedirle que nos sugiera algún remedio para librarnos de ella y mejorar así nuestra relación.

Por nuestra parte, recomendamos encarecidamente estas sugerencias del doctor Mace. En un artículo que yo (A.E.) publiqué posteriormente al de Mace, también en *Journal of Marriage and Family Counseling,* añadí los siguientes métodos adicionales de la TREC para hacer frente mejor a la ira que sentimos hacia cualquier persona con la que tengamos una estrecha relación, sea conyugal o de índole parecida:

4. Empezar por reconocer nuestra ira en nuestro fuero interno. No sólo informar a nuestra pareja sobre nuestros sentimientos de ira, sino también decirnos decididamente a nosotros mismos: «¡Venga: vamos a coger el toro por los cuernos! Siento una rabia enorme hacia mi pareja. No sólo me siento disgustado; no sólo me siento enfadado por su *conducta.* Echo chispas contra la persona concreta de mi pareja. Tengo la sensación de estar reprobándola y exigiéndole mil cosas». Si no hacemos algo así, no entraremos

en contacto con —no identificaremos— nuestra ira y la «reconoceremos» sólo de boquilla. Una vez que hayamos reconocido claramente nuestra ira y puesto manos a la obra para desactivarla, podremos decidir expresarla o no a nuestra pareja, según la vulnerabilidad de ésta u otras consideraciones pertinentes.

5. Asumir la plena responsabilidad por nuestra ira. No dudemos en reconocer que somos nosotros quienes la hemos originado, quienes nos hemos enfadado a nosotros mismos. Nos diremos algo de este tenor: «Sí, mi pareja puede haber actuado mal y haberme tratado de manera injusta, pero sólo me ha defraudado, sólo me ha dado lo que yo no quería. Yo me he sentido enfadado e irritado por su conducta deplorable, sentimiento negativo perfectamente sano, pues deseo sinceramente que actúe de otra manera distinta y lamente el no haber actuado de esta otra manera. Pero yo también, de manera completamente malsana, me he enfurecido *por mi parte* al ordenar jeremíacamente que *no actúe* de esa manera y que *tiene que hacer* lo que yo quiero, así como al pretender que mi vida se vuelve horrible y espantosa cuando no lo hace y que, consiguientemente, es una *persona* completamente malvada. Fui *yo* quien decidió pensar de esta manera y, por tanto, quien se enfureció con su pareja. Si lo deseo de veras, puedo pensar de otra manera y cambiar mis sentimientos de ira por otros más sanos de decepción, pesar y fastidio». Si reconocemos, de esta manera, la responsabilidad de nuestra propia ira, con esta confesión o reconocimiento podremos deshacernos de buena parte de nuestros sentimientos encrespados.

6. Aceptarnos *con* nuestra ira. Cuando nos condenamos por tener síntomas neuróticos —ira, ansiedad, depresión, complejo de inutilidad o cualquier otra cosa por el estilo— tendemos a entorpecer la tarea de deshacernos de tales síntomas. En efecto, si nos consideramos unos *gusanos* por estar enfadados con, por ejemplo, nuestra pareja, ¿cómo unos gusanos como nosotros podrán actuar de una manera que no sea «gusanil»? Y mientras nos regañamos por la estupidez de ser nosotros los que nos enfadamos, ¿cómo podremos tener tiempo y energías suficientes para comprender exactamente lo que nos dijimos para crear nuestra ira y trabajar para minimizarla?

Así pues, aceptémonos *con* nuestra ira. Esto no significa, como parecen pretender algunos psicólogos, que tengamos los sentimientos de ira por una cosa buena, sana o constructiva. Podemos tenerlos por una cosa normal en el sentido de que forman parte de la condición humana, de que son un aspecto de nuestra falibilidad humana. No obstante, casi siempre acaban derrotándonos y, como señala David Mace, dañando nuestras relaciones con las personas que más queremos.

7. Dejar de sentirnos ansiosos y deprimidos, y de autocensurarnos. Si aprendemos a aceptarnos a nosotros mismos, por muy enfurecidos que nos sintamos o por muy insensatamente que actuemos cuando estamos enfadados, podemos también aprender a aceptarnos con cualquiera de nuestras conductas «equivocadas» o «malas». Si hacemos esto, nos desprenderemos de gran parte de nuestra vulnerabilidad (esos sentimientos de dolor y autoconmiseración que a menudo contribuyen a que nos sintamos más enfadados todavía).

8. Buscar la fuente filosófica de nuestra ira. Tras haber reconocido plenamente nuestros sentimientos de ira, si no nos condenamos por tenerlos, podemos buscar sus fuentes filosóficas. Darnos cuenta (como venimos insistiendo a lo largo del libro) de que casi siempre se esconde una persuasión firmemente arraigada e inflexible detrás de la rabia, persuasión que incluye algunos *deberías* o *deberían*. Por consiguiente, busquemos nuestros *deberías,* busquemos nuestros *deberían.*

Cuando nos enfadamos con nuestra pareja, frecuentemente bajo el enfado se esconde el *deberías* del resentimiento: «*Deberías* tratarme de manera amable, atenta, cariñosa y aprobadora», así como el *deberían* de la baja tolerancia de la frustración: «Las condiciones en las que vivo *deberían* ser agradables y no frustrantes, de manera que pudiera conseguir todo lo que quiero sin demasiado esfuerzo».

Más específicamente, cuando estamos enfadados con nuestra pareja, generalmente nos decimos: a) «Mi pareja *debería* tratarme de manera atenta y cariñosa. Se porta conmigo de manera injusta y desaprobadora. *No soporto* esta conducta. La encuentro *espantosa.* ¡Es una persona *horrible*!» Y b): «Yo me uní a esta persona para estar alegre y feliz. Pero existen condiciones desagradables en nuestra relación que no *deberían* seguir existiendo de esta manera tan horrible. Es *terrible* que así sea. *¡No lo soporto!* La vida en pareja es espantosa, y me repatea infinitamente...».

Así pues, busquemos con aplicación toda la conjugación del verbo *deber* respecto a nuestra a) pareja, b) hijos, c) condiciones en que vivimos, d) familia política, e) relaciones sexuales con nuestra pareja, etc. En cuanto nos centremos bien y distingamos claramente estas variaciones del verbo *deber,* habremos conseguido localizar las fuentes más importantes de nuestro enojo y despecho, tal y como el doctor Robert A. Harper y yo (A.E.) hemos expuesto en *A Guide to Successful Marriage (Guía para un matrimonio feliz).*

9. Distinguir bien entre nuestros *deseos* respecto a nuestra pareja y nuestra relación con ella, por una parte, y, por la otra, nuestros *imperativos obsesivo-dogmáticos.* Podemos decirnos con total legitimidad: «Preferiría tener relaciones sexuales con mi pareja dos veces por semana en vez de sólo una cada dos semanas». Pero entonces podemos añadir insensatamente: «Y por tanto, él/ella debe ver las cosas tal y como yo las veo». Casi la totalidad de nuestras exigencias absolutistas respecto a nuestra pareja ocultan un deseo o preferencia realista y razonable. Busquemos en nuestra cabeza y corazón *tanto* el deseo *como* la exigencia según la cual tenemos que colmar o satisfacer este deseo, ¡y separemos ambas cosas nítidamente!

10. Disputemos y debatamos estas variaciones *absolutistas* del verbo *deber. Comprender* solamente nuestras exigencias respecto a nuestra pareja (y respecto al universo) no basta para resolver nuestros problemas, pues quizá nos digamos: «Ah, sí. Ahora veo que me siento terriblemente enfurecido con mi pareja porque sigo ordenando que él/ella haga exactamente lo que yo prefiero. En fin, tal vez sea mejor que renuncie a estas órdenes y las reconvierta en deseos». ¡Eso es estupendo, pero no basta!

Si no Disputamos, cuestionamos y ponemos en tela de juicio estas exigencias, probablemente nunca nos desprenderemos de ellas. Sólo realizando un cambio radical en nuestros presupuestos filosóficos, en nuestras variaciones absolutistas del verbo *deber*, tendremos algunas posibilidades de reducir nuestros sentimientos de ira. Por reducir no queremos decir liquidar, reprimir, evitar o barrerlos debajo de la alfombra. Queremos decir cambiar la rabia improductiva por emociones negativas sanas.

11. Emplear medios conductuales y emotivos para debilitar nuestros sentimientos de ira. Como no hemos dejado de repetir a lo largo del libro, y especialmente en los capítulos 9 y 10, nosotros no sólo creamos o fabricamos nuestros sentimientos de ira, sino que además los reforzamos mediante varios actos emotivos y conductuales. Así pues, es mejor utilizar métodos conductuales enérgicos, expeditivos y activos-directivos para reducir nuestra ira. Por ejemplo, en el plano emotivo podemos decidir actuar de manera cariñosa y no de manera airada con nuestra pareja. Podemos asimismo ejercitarnos en sintonizar más eficazmente con su punto de vista y con sus sentimientos. O practicar lo que Carl Rogers denomina consideración positiva incondicional o lo que en la TREC llamamos autoaceptación incondicional. O utilizar enunciados en primera persona no censuradores en vez de enunciados en segunda persona condenatorios de la conducta de nuestra pareja. Podemos expresar del mismo modo nuestros sentimientos hostiles hacia nuestra pareja a otras personas (o a algún amigo/a) en vez de directamente a él/ella. O representar psicodramáticamente algunas de nuestras reacciones de ira hacia nuestra pareja; a este respecto, usaremos las imágines activas racionales para imaginar que nuestra pareja está obrando muy mal, así como para sentirnos muy enfadados con él/ella y luego tratar de cambiar nuestros sentimientos de ira por otros de simple decepción.

Con relación a los métodos conductuales, podemos utilizar los que nos ayuden a reforzar nuestro ataque «antideberístico» a los sentimientos de ira. O incurrir en situaciones fomentadoras de ira o exponernos a ellas para adquirir práctica en la tarea de hacer frente a tales situaciones, así como en cambiar nuestras filosofías creadoras de hostilidad al hacerles frente. Podemos practicar la resolución en vez de la pasividad para evitar la acumulación de innecesarios sentimientos de rabia cuando no nos hacemos valer ante nuestra pareja. O utilizar el condicionamiento operante u otros métodos de autogestión y recompensarnos cuando reaccionemos sin ira.

También es útil aplicar métodos para probar conductas y ejercitarnos (trabajando con una pareja modelo o en sesiones de psicodrama) para reaccionar más saludablemente cuando nuestra pareja realice alguna acción presuntamente irritante. Podemos estipular contratos por escrito o de palabra con nuestra pareja para hacer algunas cosas que él/ella desee vernos hacer, con tal de que él/ella haga también otras cosas que a nosotros nos gustaría que hiciera. Cabe, en fin, utilizar la relajación, la meditación, el vacío mental o cualquier otro método des-sensibilizador o de distracción que nos saque, al menos temporalmente, de la situación generadora de ira, o concedernos más tiempo para actuar contra nuestras filosofías grandilocuentes e «imperativas».

Como se ve, podemos aplicar de muchas maneras diferentes los métodos reductores de la ira reseñados en este libro para reconocer que somos nosotros los que nos encolerizamos con nuestro compañero sentimental y, de esta manera, reducir la ira y disfrutar más de los buenos sentimientos que nuestra relación pueda procurarnos.

13

Maneras suplementarias de reducir la ira

¿Es posible ser completamente racionales a la hora de hacer frente a la ira y reducirla? Probablemente no. Como ya se ha dicho, nos enfurecemos de manera natural y fácil ante los peligros y las adversidades. A veces, nuestra propia vida depende de que obremos así. Nuestro resentimiento subyacente y nuestra aversión extrema hacia la gente y las cosas que nos afligen injustamente son sentimientos perturbadores que nos pueden hacer la vida imposible. Pero también nos protegen y nos impulsan a cambiar situaciones deplorables y a obtener otras ventajas reales. Desprendernos de ellos enteramente tal vez mejore nuestra vida. Pero no siempre...

¿Es, entonces, la complacencia sin límite en nuestros arrebatos «sinceros» una buena reacción ante nuestras frustraciones «aplastantes»? ¡No precisamente! ¿Por qué no adoptar una postura intermedia, y más racional, como por ejemplo aceptar nuestro disgusto por las circunstancias opresivas y lanzarnos decididamente a mejorarlas al tiempo que nos desprendemos de nuestras exigencias quejumbrosas en el sentido de que *bajo ningún concepto deberían existir* tales circunstancias y que nuestra vida es completamente *horrible* si existen? Sí, ¿por qué no?

Dicho más concretamente, un enfoque racional y práctico de la ira supone varios esfuerzos importantes. He aquí, entre otras cosas, lo que nos conviene hacer:

- Reconocer de manera decidida y persistente que nos sentimos insensatamente enrabietados en vez de razonablemente disgustados por sucesos desagradables.

153

- Reconocer sin ambages que somos nosotros los principales —si bien no los únicos— responsables de nuestra furia y que (¡afortunadamente!) tenemos la opción de seguir, o no seguir, sintiéndonos de esta manera.
- Saber que podemos controlar y reducir claramente nuestros sentimientos tempestuosos, aunque pocas veces podamos reducirlos a cero.
- El sincero reconocimiento de que la furia a menudo nos daña más que nos favorece, y no sólo a nosotros en concreto, sino también a las personas a las que queremos.
- La decidida determinación a trabajar sin cejar para reducir nuestra ira.
- La práctica y el esfuerzo persistentes para actuar según esta determinación de estar de veras menos enfadados y exasperados.

Una vez que hemos observado estas pautas, esforzándonos por seguir los, numerosos métodos de la TREC que hemos descrito en los anteriores capítulos del libro, podremos atender también a estas otras maneras adicionales que se proponen aquí para evitar ser presa fácil de los perniciosos arrebatos de ira.

Revisar los resultados prácticos de la ira

Las investigaciones de Albert Bandura sobre la hostilidad, así como las teorías del refuerzo de B.F. Skinner, suscitan tres cuestiones de especial relevancia: 1) la ira y la violencia raras veces son producto de interacciones sociales «buenas», sino que se siguen por lo general de experiencias que incluyen —o que *parecen* incluir— importantes frustraciones y privaciones; 2) una vez que hemos reaccionado de manera agresiva a las frustraciones y a los contratiempos, nos vemos reforzados y/o penalizados por nuestras reacciones. La agresividad, o bien nos anima a eliminar los estímulos que nos parecen detestables, o bien nos produce otras satisfacciones (por ejemplo, el placer de sentirnos superiores a las personas con que nos enfrentamos). Pero nuestra rabia también nos penaliza: favorece los contraataques por parte de las personas que odiamos y atacamos; 3) tras vernos reforzados o penalizados por nuestros sentimientos y acciones de carácter agresivo, podemos finalmente sopesar las ventajas e inconvenientes a corto y largo plazo de los resultados logrados, reducir las situaciones frustrantes y decidir la manera de reaccionar ante las frustraciones restantes.

Por ejemplo, supongamos una vez más que Jack y Joan, tras asegurarnos su disposición a compartir piso con nosotros y convencernos para que gastemos bastante dinero en su acondicionamiento, se niegan a mudarse a vivir con nosotros. De este modo han creado una serie de circunstancias frustrantes con las que tenemos que enfrentarnos. Si optamos por enfurecernos y actuar airadamente con ellos, conseguiremos ciertos refuerzos y castigos. En el lado reforzador, podemos dejar de ser amables con ellos, sacarles dinero o sentirnos completamente superiores por haber actuado nosotros «bien» y ellos «mal». Del lado penalizador, podemos alentarlos a que nos traten aún peor en el futuro, así como vernos desaprobados por algunos de nuestros amigos por nuestra actitud vengativa hacia ellos y desperdiciar un tiempo muy precioso, y bastantes energías, tratando de obtener una reparación por su parte. Consciente o inconscientemente, estos refuerzos y castigos tenderán a hacer que nos sintamos más o menos enfadados cuando se produzcan semejantes frustraciones y contratiempos en nuestra vida futura.

Finalmente, tras haber estado enfadados con Joan y Jack durante cierto tiempo y haber iniciado tal vez algún contencioso con ellos, como humanos que somos tenemos la posibilidad de revisar toda la situación y ponerla en el contexto general de nuestra vida. Por ejemplo, podríamos sostener que nuestra ira tiene algunas ventajas pero que también puede acarrearnos problemas de salud, como hipertensión, y, por tanto, resultarnos más perjudicial que beneficiosa. Podemos sostener igualmente que nuestra enemistad nos hace sentir superiores a Joan y Jack, pero que este tipo de juego egotista produce muy pocos dividendos. O sostener por fin que podemos convivir perfectamente con nuestro enfado y nuestra ira, pero que podríamos vivir más felizmente si decidiéramos mantenernos en el futuro al margen de semejantes personas y, así, «bloquear» las frustraciones que genera esta relación.

En otras palabras, si somos plenamente conscientes del papel primordial que juegan las frustraciones en nuestra ira, así como de los tipos de recompensas y castigos que suelen acompañarla y de las consecuencias a largo plazo que se pueden derivar de nuestras gratificantes «victorias» coléricas, empezaremos a comprender muchas de las complejas raíces de la agresividad. Entonces se nos abrirá también un amplio abanico de soluciones, como, por ejemplo: cambiar los acontecimientos frustrantes o las adversidades que desencadenan nuestros sentimientos de ira, echar mano de diferentes tipos de reforzadores o castigos que nos ayuden a sentirnos menos coléricos ante las adversidades, adoptar una visión hedonista a largo plazo de los inconvenientes de la agresividad y cambiar nuestra actitud ante las frustraciones con objeto de volverlas menos horribles.

Como decían los antiguos filósofos griegos, saber es poder. Cuanto mejor entendamos las fuentes biológicas, sociales, cognitivas, etcétera, de nuestras acciones y sentimientos de ira, mayores serán nuestras probabilidades de reducir sus deplorables efectos y de encontrar unas soluciones más idóneas que las dictadas por la rabia.

Aunque la frustración no parezca generar ira de manera directa o invariable, no cabe duda de que contribuye a ello de manera importante. La mayor parte de las personas que padecen graves privaciones acusan una marcada tendencia a irritarse por esta causa y a arremeter a cajas destempladas contra las personas y situaciones frustrantes. Aunque se aconseja trabajar para elevar el grado de tolerancia de la frustración, también es una buena idea esforzarnos por reducir las frustraciones propiamente dichas.

No tenemos por qué trabajar en lugares aburridos, estar con amigos aburridos, dejar que nuestra pareja o hijos se aprovechen de nosotros ni vivir con una pareja sexualmente insatisfactoria. Temporalmente podemos ejercitarnos permaneciendo, de manera deliberada y desenconada, en este tipo de situaciones desagradables con objeto de mejorar nuestro índice de tolerancia de la frustración. Pero sólo temporalmente, pues, a la larga, casi siempre surgen alternativas mejores. Busquémoslas. Esforcémosnos en organizarlas bien. Pero no tratemos de vivir con una frustración *cero* (¡pues no lo conseguiremos!). A veces también es desaconsejable intentar tener una frustración mínima (pues con ello perderíamos nuestros placeres potenciales). Una cosa es cierta: no necesitamos restricciones innecesarias. Hagamos algo por reducirlas, si no inmediatamente, sí al menos a largo plazo. Y algunas veces, ¡cuanto antes!

Incrementar la tolerancia a la frustración

La ira y la violencia casi nunca surgen solamente de la frustración, sino de una baja tolerancia a ésta. Cuando nos enfurecemos, insistimos en que la cosa que nos frustra no *debería* existir; es decir, que no sólo es injusta, sino que además su carácter de injusta no *debe* existir, *no lo soportamos,* y quienes indebidamente ponen trabas en nuestro camino se pueden considerar unas alimañas que no *deberían* actuar de la manera como actúan.

Hallaremos un antídoto contra este tipo de pensamiento utilizando una tolerancia de la frustración más elevada. ¿Cómo? Admitiendo que esa frustración *debe* existir (porque existe), igual que las conductas injustas e improcedentes. A este respecto, cobran una luz especial las siguientes palabras de Erich Fromm:

> En primer lugar, consideremos un hecho básico de la vida: que no se logra nada importante sin aceptar la frustración. La idea de que podemos aprender sin esfuerzo, es decir, sin frustración, puede servir para un eslogan publicitario, pero ciertamente no es válida para los grandes aprendizajes. Sin capacidad para aceptar la frustración, el hombre difícilmente habría podido desarrollarse. Y ¿no nos muestra la vida cotidiana que muchas veces la gente padece frustraciones sin tener una reacción agresiva? Lo que puede producir agresión, y a menudo la produce, es lo que la frustración significa para una persona determinada.

Abundando en lo que dice Fromm, analizaríamos una elevada tolerancia de la frustración de las siguientes maneras:

1. Reconociendo nuestra tendencia a proclamar que la frustración *no debe* existir.

157

2. Percatándonos de que casi siempre nos frustramos a nosotros mismos si no reducimos nuestras actitudes pretenciosas.
3. Decidiendo firmemente renunciar a ella y sustituirla por un deseo, no por la insistencia absolutista en estar menos frustrados.
4. Trabajando decididamente para llevar a la práctica esa decisión.

Así pues, la cuestión más importante es nuestra filosofía *sobre* la frustración, y, aun cuando ejerzamos escaso control sobre ésta, siempre nos será posible cambiar de raíz nuestra filosofía. El crecimiento personal no brota al evitar la frustración, sino al plantarle cara y dejar de lamentarnos sobre ella.

Atacar el narcisismo y la grandiosidad

Como señala Gregory Rochlin, el narcisismo y la grandiosidad infantil echan raíces en la naturaleza humana y suelen subyacer en buena parte de nuestra conducta. No sólo queremos que los demás nos amen y se preocupen de nosotros, sino que además insistimos porfiadamente para que así lo hagan, y generalmente nos sentimos abatidos cuando no lo hacen. Se trata de un abatimiento autoinducido ya que somos *nosotros,* y no *ellos,* los que nos condenamos con nuestras necesidades perentorias de ser aceptados. A menudo suponemos insensatamente que son *ellos* los que nos destruyen al rechazar nuestras «necesidades», lo que suele motivar que nos sintamos excepcionalmente iracundos y actuemos violentamente contra quienes presuntamente nos han defraudado. Rochlin hace asimismo hincapié en que la hostilidad brota a menudo del amor propio herido. Si bien a veces se olvida de otras fuentes importantes, da en el clavo al afirmar que una buena parte de nuestra rabia con los demás surge del «agravio» que éstos nos causan, un «agravio» a nuestras narcisistas exigencias de aprobación.

Moraleja: podemos desprendernos de nuestro narcisismo infantil si es una de las fuentes principales de nuestra ira. Nosotros no *tenemos* por qué regir el universo. No *necesitamos* sentirnos bien porque los demás reconozcan nuestra excelencia. No existe ninguna razón por la que *debamos* ocupar el centro del escenario ni exigir el respeto de los demás.

No, al mundo *no* le importamos demasiado, y es probable que nunca lleguemos a importarle gran cosa. Más aún, es posible que cuanto más famosos seamos más enemigos tengamos también, y que cuanto mejor nos conduzcamos con algunas personas, más se aprovechen éstas de nosotros. El universo no tiene ningún *interés* especial por nosotros, ni lo tendrá nunca. Pues bien, ¿cómo podemos hacer frente a —y aceptar plenamente— este hecho «cruel» y «frío» y no obstante vivir felizmente? Si lo conseguimos, una de las principales fuentes de nuestra ira hacia los demás se habrá reducido de manera considerable.

Como señalaran hace muchos años Freud y Adler, y como se afirma en los primeros escritos de la TREC, gran parte de la ira surge de nuestra pueril grandiosidad. Como humanos que somos, creemos a menudo que porque los demás *pueden* tratarnos bien, y porque nosotros *podemos* beneficiarnos de este tipo de trato, tienen la obligación de dispensárnoslo. Como ha señalado H. Peters, «Ha habido filósofos, como Bertrand Russell, que han sostenido que los celos son siempre una emoción inadecuada, fundamentalmente porque pretenden injustificablemente la existencia de una relación especial con otra persona».

Si cada vez que nos enfadamos con alguien aceptamos sin reservas el hecho de que estamos suponiendo con ello la existencia de un mandamiento cuasidivino en el sentido de que esta persona *ha de* dispensarnos un trato especial, y si hacemos añicos decididamente este *«ha de»* muchas veces y lo sustituimos por un «sería *preferible* que esta persona me tratara de manera especial, pero hay pocas probabilidades de que así sea», habremos minimizado bastante nuestra ira.

¡Mucho cuidado con la grandiosidad! ¡Mucho cuidado con el dogmatismo! Con cuanta mayor pasión defendamos una causa, más probabilidades habrá de que no veamos sus limitaciones; tratemos de tenerlas también presentes. Nada nos impide intentar conseguir lo que queremos, pero sin enfurecernos ni insistir en que, porque una cosa nos parece correcta y adecuada, ésta se *debe* ver *absolutamente* realizada.

La historia, como señala Daniel J. Boorstin, nos ofrece muchas ilustraciones acerca de las graves consecuencias de la rabia, desde las guerras interminables en el Israel y la Grecia de la antigüedad hasta los holocaustos de Hitler y Stalin, pasando por innumerables baños de sangre por motivos religiosos, políticos, económicos, etcétera, que han estremecido —y aún estremecen— al planeta. Boorstin nos recuerda además que la historia nos aconseja desconfiar de las utopías y fomentar nuestras posibilidades de progreso.

«La voz del intelecto», escribió en 1928 Sigmund Freud (quien, como se sabe, no infravaloró el papel de lo irracional), «habla en voz baja, pero no descansa hasta que se le ha prestado la debida atención. Al final, tras una sucesión de reveses infinitamente repetidos, logra su objetivo. Éste es uno de los aspectos en que podemos ser optimistas sobre el futuro de la humanidad.» La razón... habla la misma lengua en todo tiempo y lugar, y esa lengua no es otra que la de la propia historia.

Ser conscientes del daño que producen la ira y la violencia

Se podría pensar que, como la ira y la violencia han sembrado tanto daño entre los individuos y las sociedades, prácticamente todo el mundo, incluidos nosotros mismos, es plenamente consciente de ello y vigila de cerca las reacciones airadas hacia los demás. ¡Nada más falso! Tal vez seamos vagamente conscientes de algunos de los efectos nocivos de la rabia, pero, ¿cuántas veces reparamos detenidamente en ello y en el daño concreto que se seguirá de nuestro enfurecimiento? Seguro que muy pocas...

Revisemos brevemente algunos de los inconvenientes del rencor y de la ira que se nos pueden ocurrir:

Obsesionarnos con las represalias. Aunque el objeto manifiesto de nuestra furia es impedir que la gente nos haga daño a nosotros o a otras personas, una vez que nos hemos enfurecido con estos «mal-hechores» tendemos a perder de vista su «peligrosidad» y a obsesionarnos con la venganza.

Abusar de los más débiles. La ira, y también la justa indignación, pueden darnos pie para abusar de algunos individuos que actúan de manera defectuosa, incluidos los niños indefensos, a los que, por desgracia, podemos imponernos fácilmente. Como se dijo antes, los malos tratos a los niños son una plaga que asuela actualmente los Estados Unidos.

Violencia política. Aunque la Organización de las Naciones Unidas ha conseguido, por el momento, evitar un holocausto de las dimensiones de la Primera y la Segunda Guerra Mundiales, siguen existiendo conflictos internacionales e intranacionales sin cuento. Guerras de guerrillas, actos de piratería, asesinatos políticos, secuestros, guerra abierta entre facciones políticas y otros tipos de derramamiento de sangre son el pan nuestro de cada día, tanto en el mundo civilizado como en el no civilizado.

Guerras religiosas. Así como la guerra política brota del odio y el fanatismo respecto a otros grupos, lo mismo ocurre con las guerras religiosas. Éstas son universales, como muestran las guerras entre católicos y protestantes, judíos y cristianos, judíos y musulmanes, musulmanes y cristianos, hindúes y no hindúes, etc. Cada grupo da por supuesto que sus opiniones son las correctas y que las del grupo contrario son demoníacamente erróneas, por lo que dicho grupo tiene que ser denunciado, oprimido y a poder ser aniquilado. Hay incluso miembros de grupos amantes de la paz, como los judíos y los cristianos, que recurren al derramamiento de sangre y al asesinato cuando se enfurecen contra los miembros de otros grupos religiosos.

Prejuicios contra nosotros mismos y contra los demás. El odio a los demás nos lleva a menudo a considerarlos encarnaciones demoníacas y a magnificar sus rasgos «malignos». Al atribuirles estos rasgos, nosotros solemos sentirnos nobles, lo que a su vez nos obliga a seguir protegiendo nuestra «nobleza» odiándolos más aún. Como señala Marie Jahoda: «El desprecio a los demás suele tener como resultado el tratar de apuntalar nuestro tambaleante amor propio haciendo que los otros parezcan inferiores o despreciables. En realidad, la única manera que tienen algunos de salvar su amor propio es sintiéndose felices por no ser afroamericanos, católicos, italianos o cualquier grupo designado como chivo expiatorio para la secreta miseria de tales personas».

Adopción de las características de quienes odiamos. Por irónico que pueda parecer, tendemos a odiar a los demás por su baja estatura moral —por su prepotencia, sus prejuicios, su violencia y su arrogancia—, y, al odiarlos y justificar casi todas las acciones que podamos emprender contra ellos, adoptamos frecuentemente los mismos rasgos que denostamos. Si odiamos a Hitler de manera absoluta, podemos convertirnos en otro Hitler similar, en personas que condenan a los demás en su totalidad por sentir aversión por algunas de sus características. William Irwin Thompson afirma que los humanos «solemos convertirnos en lo que odiamos» y añade que «al observar la violencia de Irlanda del Norte, el yogui dublinés George William Russell convirtió en una máxima de la ciencia política el siguiente principio: "Mediante la intensidad del odio, las naciones reproducen en sí mismos los rasgos idénticos que imaginan en sus enemigos. De ahí que todos los conflictos encrespados acaben en un intercambio de rasgos distintivos"».

Crecen los problemas causados por la injusticia. En su *Overcoming Frustration and Anger (Superando la frustración y la ira)*, Paul Hauck señala atinadamente que, al enfurecernos cuando alguien trata de «sacarnos de nuestras casillas», no hacemos más que duplicar nuestro agravio:

Hay dos enunciados que suelo tener particularmente presentes, pues me ayudan bastante a mantenerme sereno. El primero es que no soy Dios y que me pongo neurótico al insistir en que tengo que salirme con la mía. Esto por lo general me serena bastante. Sin embargo, si esto no surte efecto, recurro a otro pensamiento: «Hauck, sé espabilado. Alguien está tratando de jorobarte. Mala cosa, viejo. Seguro que no vas a ser tan bobo como para hacerte a ti mismo lo que ese tipo está tratando de hacerte. ¡Nanay! A él seguramente le importan un pito mis sentimientos, pero a mí sí me importan. Por tanto, voy a convencerme de que me conviene abandonar el sentimiento de ira que está empezado a apoderarse de mí». Tener problemas es una cosa, que a veces no se puede evitar; y otra cosa muy distinta es incrementar yo mismo mis propios problemas.

Se debilita el activismo. Los revolucionarios suelen insistir en que, si no montamos en cólera contra las injusticias, no podremos

162

pasar a la acción y cambiar el lamentable orden de cosas estableci-do. En una ínfima parte, esto es verdad, pero en su mayor parte es falso. Como ha señalado Hannah Arendt, los disturbios y las rebelio-nes a menudo producen en sus autores una falsa sensación de acción y tienden a impedir una planificación esmerada, una acción cons-tructiva y unas medidas de seguimiento a largo plazo que tengan como resultado un cambio social radical. Los vuelcos espectacula-res pueden conducir excepcionalmente a una reorganización cons-tructiva, pero lo más corriente es que no ocurra así. Más aún, las si-tuaciones revolucionarias pueden perpetuarse durante muchos años y, a la postre, impedir a la gente *hacer* algo positivo contra las con-diciones execrables contra las que tan violentamente ha venido pro-testando.

Se conculcan los derechos de los demás. Como señala Janet L. Wolfe, la actitud resuelta difiere de la agresividad en cuanto que comporta «la capacidad para expresar sentimientos de derechos le-gítimos con total franqueza sin atacar a nadie ni violar sus dere-chos. Por el contrario, la conducta agresiva viola los derechos de los demás, o los pone patas arriba». En la rabia subyace una filoso-fía intrínsecamente fascista o elitista, pues niega los derechos de los demás en aras de los «especiales» derechos propios.

No ayudamos a los demás a cambiar. Cuanto más nos encoleriza-mos con otras personas que tienen opiniones contrarias y más expre-samos nuestra ira, menos estamos en condiciones de ayudarlas a cam-biar sus opiniones y de acercarlas a las nuestras. Antes bien, los demás se sentirán aún más cargados de razón para oponerse a nosotros, con-vencidos de que nuestra rabia es la *demostración* palpable de que no llevamos razón. Como sostiene David Burns, llegar a un acuerdo con nuestros críticos puede alentarlos a ser menos críticos con nosotros. Y disen*⁺⁻* violentamente con los demás puede aumentar su conven-cimiento de que sus acusaciones contra nosotros son válidas.

Contra las atribuciones de mala intención

Cuando nos embarga la ira, a menudo tendemos a atribuir in-tenciones horribles a quienes nos hacen la pascua, cuando en realidad no es así. Un buen número de estudios han demostrado que los jóvenes violentos tienen una «tendencia atributiva hostil». Ven malas intenciones donde no las hay y van por la vida con la actitud de «suponer lo peor» cuando se enfrentan a las adversidades.

¡Mucho cuidado con esto! Si tendemos a atribuir motivos vengativos a quienes nos tratan mal, hagamos una pausa para cuestionar tales atribuciones y busquemos otras razones posibles para dicho trato improcedente.

Volviendo a nuestro consabido ejemplo, en el que Jack y Joan incumplen su palabra de compartir piso con nosotros, si estamos «seguros» de que nos han fastidiado intencionadamente, preguntémonos: «*¿Sé* realmente que han tenido esta intención? ¿No pueden haber tenido *otras* razones para tratarme de manera injusta? ¿No pueden haber tenido algunas *buenas* razones para portarse mal conmigo? ¿Conozco todos los hechos o estoy más bien *suponiendo* simplemente algunos de ellos?

Comprender la teoría de la atribución. Cuando alguien nos trata de cierta manera, especialmente de manera frustrante o injusta, tendemos a atribuir varios motivos a esta persona y a enfadarnos con ella más o menos, según el trato recibido. Cada vez son más numerosos los psicólogos sociales que recalcan la importancia de la teoría de la atribución para comprender bien las acciones y sentimientos humanos. Russell Geen y David Stonner hicieron un experimento en el que varios universitarios, tras haber visto una película violenta, castigaban a alguien que los había atacado verbalmente. En un tipo de condiciones experimentales, los estudiantes aprendieron que la pelea de la película se debía a motivos profesionales o altruistas, y, en otro tipo de condiciones, que obedecía a motivos de venganza. Los resultados demostraron que los estudiantes inducidos por los experimentadores a atribuir la pelea a motivos de venganza actuaban claramente más airada y bruscamente con las personas a las que después castigaban que los que creían que la pelea de la película se debía a motivos altruistas.

Si tenemos tendencia —como es posible que así sea— a atribuir motivos altamente negativos y vengativos a las personas que nos hacen la pascua o nos atacan de alguna manera, *obliguémonos a*

164

hacer una pausa para cuestionar estas atribuciones y tratemos de buscar *otras* posibles razones para su acción. En el ejemplo en el que Jack y Joan reniegan de su promesa de compartir piso con nosotros, podemos suponer que:

1. Quieren fastidiarnos realmente.
2. Sabían desde el principio que nunca compartirían piso con nosotros y nos engañaron a propósito.

Busquemos y revisemos nuestras atribuciones. Hay personas que nos fastidian y tratan con frecuencia de manera injusta. Pero sólo raras veces lo hacen porque nos odien. Sólo ocasionalmente *tienen intención de* actuar vengativamente con nosotros. En muchos casos, a causa de sus perturbaciones personales, no pueden por menos de tratarnos mal, o no se dan cuenta de su injusticia para con nosotros o creen tal vez que no podrán resolver algunos de sus problemas si no nos tratan de manera injusta. Si podemos, busquemos sus verdaderos motivos y actitudes. Y vigilemos atentamente nuestras atribuciones exageradas.

Reducir los sentimientos de inadecuación

Son numerosos los expertos que señalan que tener sentimientos de hostilidad parece inmensamente mejor que condenarnos a nosotros mismos.

Si queremos minimizar la ira que surge de nuestra sensación de inseguridad, leamos los primeros capítulos de este libro para intentar dejar de condenarnos a nosotros mismos. Puede ser que nuestras características, actuaciones y rendimientos personales no estén a la altura de lo que deseamos. Como parece ser que no tenemos la suerte de cara, actuamos en algunos aspectos peor que otras personas. ¡Qué se le va a hacer! Pero si realmente nuestras prestaciones son inferiores o nos miran de arriba abajo por lo que nuestro grupo social define equivocadamente como «inferior», no por ello tenemos que conceptuarnos a nosotros mismos como inferiores e indignos de placer.

Cuanto más nos aceptemos a nosotros mismos de manera incondicional —decidiendo seguir cien por cien vivos y pelear por conseguir la felicidad— menos tendencia tendremos a encubrir nuestra «inadecuación» con ira compensatoria. Esto no significa que no tengamos derecho a pelear contra la injusticia social o a ser unos rebeldes con causa. ¡Claro que podemos! Pero siempre y cuando nuestra intención sea desfacer entuertos reales y mejorar nuestra vida, y no demostrar nuestra fuerza o virilidad o nobleza. ¿Quién necesita ese tipo de autojustificación? Respuesta: las personas que antes se han denigrado a sí mismas insensatamente.

Evitar las drogas y el alcohol

Según varios estudios realizados con universitarios propensos a la ira y con adultos en general, existe un abuso bastante generalizado de las drogas y del alcohol. Esto se puede plantear de dos maneras diferentes: en primer lugar, personas perturbadas se vuelven fácilmente dependientes de ciertas sustancias y a menudo se sirven de drogas y del alcohol como medio para habérselas con emociones negativas; y, en segundo lugar, los bebedores compulsivos y los consumidores de drogas pierden el control y tienen estallidos violentos que podrían domeñar fácilmente si no estuvieran bajo el influjo de tales sustancias.

Más aún, los alcohólicos y drogodependientes tienen especiales dificultades para enfrentarse a los avatares de la vida, se crean frustraciones suplementarias y a menudo se muestran propensos a una baja tolerancia de la frustración y a la ira innecesaria. El alcohol suele aumentar la agresividad; en este sentido, abundan los experimentos que muestran que la propia creencia de que hemos consumido una cantidad considerable de bebidas alcohólicas puede tener como resultado una conducta agresiva.

Si tenemos un problema de ira, procuremos no tomar alcohol ni droga alguna. Es probable que no tengamos necesidad de abstenernos por completo. Pero vigilemos muy atentamente nuestra ingestión de alcohol.

166

Una filosofía de la falibilidad

Nunca insistiremos lo suficiente en que todos los humanos somos increíblemente falibles, y en que ésta es nuestra característica más fundamental. Por supuesto, podemos cambiar y mejorar. Pero siempre dentro de unos límites. Es muy difícil actuar siempre de manera equitativa, justa, ética, corecta o adecuada.

Al mismo tiempo, los humanos tenemos capacidad para aceptar la falibilidad de los demás y perdonarles sus delitos y crímenes. El profesor Anatol Hold, de la Universidad de Pennsylvania, ofrece un ejemplo excelente a este respecto. Después de que un hombre joven de la ciudad de Filadelfia agrediera sexualmente y matara a su hija de tres años y medio, Hold escribió una extraordinaria carta al *Philadelphia Bulletin* en la que afirmaba que esperaba que el asesino compareciera ante la justicia y recibiera tratamiento psicológico, pero que *no* fuera condenado a la pena capital, pues, pese a lo mucho que echaba de menos y lloraba a su hija muerta, reconocía que el asesino era un individuo completamente perturbado, que se había visto empujado a su acción por su sentimiento profundo de inadecuación e inutilidad, por lo que él no podía, en puridad de conciencia, pedir la muerte de semejante persona perturbada. Esto escribía el profesor Hold: «Mi decisión tiene que ver con el funcionamiento de la maquinaria de la justicia. Si yo hubiera cogido al joven con las manos en la masa, habría deseado matarlo. Pero ahora que ya no se puede remediar lo que se ha consumado, sólo deseo ayudarlo. Que ningún sentimiento de venganza cavernícola haga mella en nosotros. Ayudemos más bien a quien hizo una cosa tan humana».

He aquí otro caso bastante parecido: Joseph Sturek, terapeuta mental auxiliar del Central Islip State Hospital de Nueva York, se sintió conmocionado cuando su hijo de dieciséis años y varios amigos suyos encontraron el cuerpo de su propia hija, Jennifer, de doce años de edad, brutalmente asesinada unos días antes. Tras demostrarse que un chico de quince años, vecino de los Sturek, había cometido el asesinato, el padre dijo: «Debemos perdonar al muchacho. Está muy enfermo. A Jennifer le habría gustado que lo perdonáramos».

¿Podemos hacer algo para fomentar este tipo de compasión en nosotros mismos y en los demás? Sí: aceptando la falibilidad humana, pensando en el daño que hace la venganza y luchando contra la tendencia humana a perpetuar la rabia.

Aunque la agresividad humana tenga unos fuertes componentes biológicos, no tenemos por qué dejarla prosperar. Podemos enseñar a nuestros hijos a que peleen menos. O darles una especial ventaja de salida aceptando y perdonando a los demás. No esperemos milagros, pues las inclinaciones agresivas fuertes no desaparecen con facilidad. Pero si podemos amaestrar «de manera natural» a animales recíprocamente hostiles, como, por ejemplo, perros, gatos, ratones, para que vivan juntos de manera pacífica, también podemos alentar «de manera natural» a los humanos enemistados a portarse con menor agresividad. ¿Por qué no intentarlo?

Poner freno a la justa indignación

La «justa indignación» es una expresión que suena muy bien, pues cuando la sentimos *sabemos absolutamente* que nuestros adversarios están equivocados y, por tanto, nosotros estamos *enteramente justificados* para pararles los pies. ¡Y a toda costa!

¿Es esto cierto?

Bueno, en realidad no tanto.

Cuando nuestra justa indignación conduzca a la rabia extrema y a la violencia —como ocurre muy a menudo—, parémonos a pensar antes de darle vía libre. Reflexionemos sobre los siguientes puntos:

1. ¿No hay, al menos, *algo* que se pueda aprovechar en las opiniones de nuestros adversarios? Consideremos *su* punto de vista. ¿De verdad es *completamente* erróneo? ¿Siempre?
2. Aunque no podamos encontrar ninguna buena razón en las opiniones de nuestros adversarios, ¿no *creen* ellos sinceramente que llevan razón? Y por engañados que nos parezcan, ¿no tienen ningún derecho humano a estar engañados?
3. ¿*Comprendemos* realmente sus opiniones «equivocadas»? ¿Les hemos escuchado atentamente y hemos comprobado que dicen lo que

creímos entender en el primer momento en que lo dijeron? ¿Seguiríamos indignados si les dijéramos lo que creemos que pretenden, lográramos hacerles ver que llevamos razón en nuestra apreciación de su situación y sólo entonces siguiéramos discutiendo con ellos?

4. Utilizando la TREC, mostrémonos a nosotros mismos que, aunque tengamos toda la razón del mundo y nuestros adversarios estén a todas luces equivocados, no *tenemos* necesidad de demostrárselo. No es *necesario* que los corrijamos y los cambiemos, por *deseable* que esto nos pueda parecer.

5. Suponiendo que nuestros adversarios estén *absolutamente* equivocados —suposición bastante peligrosa—, reconozcamos sinceramente que nuestra justa indignación casi siempre encierra algún elemento irracional. En efecto, cuando la sentimos con fuerza, decimos primero «sanamente» que los *actos* de nuestros adversarios son muy malos, lo que, según los patrones al uso, puede ser cierto. Pero, en segundo lugar, también estamos gritando «insanamente» que *bajo ningún concepto deben* actuar tan mal, que son *personas completamente malvadas* cuando así actúan y que merecen la completa *aniquilación* por sus acciones atroces. Así, nuestra justa cólera es generalmente rabia extrema que condena al pecador y a sus pecados.

6. A veces podemos utilizar la TREC con nuestros adversarios «malos» cuando se portan «mal» para mostrarles que, aunque puedan estar luchando correctamente contra la «injusticia» o los «acontecimientos malos», también se están alterando de manera incorrecta —y violenta— a propósito de estas injusticias o acontecimientos al insistir en que *bajo ningún concepto deben* existir y al actuar desaforadamente cuando se oponen a la existencia de tales acontecimientos. Utilizando la TREC de esta manera, podremos hacer que nuestros adversarios se serenen y cambien de conducta. Pero, ¡no contemos con ello!

La no violencia como filosofía. La violencia como filosofía ha imperado durante muchos siglos en el reino humano. Sólo en unos pocos casos notables se ha alzado la no violencia como método teórico y práctico para obtener nuestros objetivo sin guerra abierta con el adversario. La prolongada lucha de Gandhi por conseguir que los británicos abandonaran su dominio sobre la India representa uno de tales casos.

Como ha señalado Christopher Lasch, la doctrina india de la no violencia, o *satyagraha,* presupone la existencia de una parte de excelencia en todo ser humano: «Decidir de antemano que ciertos adversarios son incapaces de ser respetables supone acusarlos de inhumanidad y caer en esa arrogante actitud moralizadora de la que la *satyagraha* se propone librarnos».

Por su parte, Erik Erikson ha descrito atinadamente el enfoque no violento de Gandhi. Señala que la verdad de Gandhi consiste en la aceptación de la idea de que la violencia contra nuestros adversarios equivale en realidad a la violencia contra nosotros mismos. Martin Luther King Jr. abrazó esta misma verdad y escribió que «por razones prácticas y también morales, la no violencia ofrece la única vía posible para la libertad de mi pueblo. En la guerra violenta hay que estar preparados para enfrentarnos implacablemente al hecho de que se seguirán miles de muertes».

En nuestra vida cotidiana, es probable que no tengamos que practicar la resistencia pasiva, o la no violencia propiamente dicha, contra ninguna horda bárbara. Pero, si lo deseamos, podemos mostrar a la gente que, aunque nos resistamos a hacer lo que quiere que hagamos, lo hacemos de manera no violenta. Esto nos evitará alterarnos emocional y físicamente, servirá también de buen ejemplo a otros y fomentará la paz en la tierra y la benevolencia para con todo el mundo.

Reconocer la ironía del odio

El odio suele consumirnos más que cualquier otro sentimiento y, al igual que los celos y otras pasiones semejantes, puede acabar obsesionándonos y marcando nuestra vida. Va mucho más lejos que el simple sentimiento de frustración y provoca el espejismo de nuestro interés personal. En apariencia parecemos absortos en nuestra propia situación y pugnamos *ostensiblemente* —mediante la rabia— por conseguir lo que queremos y liberarnos de lo que no queremos. Pero no es más que eso: ¡un puro espejismo!

Los sentimientos de ansiedad —espoleados por la creencia irracional: «Debo actuar bien y ganarme la aprobación de los demás, pues sería horrible si no fuera así»— hacen que nos orientemos más a los demás que a nosotros mismos. Pero los sentimientos de odio tienen también un efecto parecido. Podemos enfurecernos tanto con las personas que nos han tratado de manera injusta o improcedente que *las* convertimos en centro de nuestra atención mientras nosotros *nos* perdemos prácticamente en este proceso. *Parece* que lo que queremos es una mayor satisfacción para nuestra propia vida, pero en realidad estamos obsesionados con cambiar*las* a ellas, fastidiar*las*, recrearnos en hacer*les* daño.

Sólo si nos damos cuenta de lo «heteroorientados» que nos vuelve este tipo de pensamiento estaremos en condiciones de ver que somos nosotros mismos quienes nos frustramos al odiar mientras nos engañamos diciéndonos que el odio nos ayuda, y entonces nos será más fácil centrarnos en la cuestión principal: «¿Qué puedo hacer, a la vista de los engorros que me han causado, para que *mi* vida sea más feliz?». Como señala Ken Olsen, «El odio es el instrumento con el que nos castigamos y destruimos por las acciones de los demás». ¡Cuánta ironía encierra esta frase! Procuremos que dicha ironía entre bien en nuestro cerebro, hasta que sustituya nuestra agresividad por el interés personal, integrado en el bien de la sociedad.

Adquirir valores humanísticos

Si, por una parte, nos consideramos parte integrante de la raza humana y reconocemos que todos los humanos tienen derecho a vivir y ser felices, y, por la otra, procuramos que nuestra vida sea más plena actuando humanamente con los demás, tenderemos a sentirnos mucho menos coléricos y punitivos cuando los demás nos traten mal. Esto no significa que tengamos que hacer malabarismos especiales para ayudar a los demás o para sacrificarnos por ellos. Significa solamente que, cuantos más valores humanísticos adquiramos, menos cruelmente tenderemos a tratar a los demás.

Para adquirir una filosofía más humanística, recordemos las siguientes cosas: que detestamos los maltratos innecesarios, que la mayoría de la gente siente igual que nosotros, que la preocupación por los demás tiende a hacer realidad el tipo de situaciones que nos gustaría que se dieran y que tratar bien a los demás a pesar de su conducta injusta encierra ciertos elementos retadores y de superación personal. Sin tener que imitar a Florence Nightingale o a san Francisco, podemos encontrar una satisfacción real tratando de hacer que el mundo sea un lugar un poquito más habitable. Interesarnos única y exclusivamente por nosotros mismos puede resultar monótono y aburrido. Interesarnos vitalmente por algo externo a nosotros mismos, como propugna la TREC desde sus inicios, contribuye a la felicidad a largo plazo. Será muy beneficioso comprometernos con una comunidad, una causa social o simplemente con la raza humana.

Pensar en el dolor de nuestros adversarios

Cuando estamos poseídos por la ira tendemos a complacernos en nuestros arrebatos emocionales y a suponer que con ello, en cierto modo, nuestros objetivos saldrán ganadores a largo plazo. ¡Nada más ilusorio! Nuestros enemigos pueden tomarse nuestra rabia muy a pecho, sentir dolor físico o emocional, o interiorizar nuestras críticas y deprimirse. Pensemos en el dolor que pueden experimentar nuestros adversarios y utilicemos este pensamiento para inhibir nuestra rabia. ¿Qué bien nos reporta, realmente, que padezcan angustia?

Por supuesto, no hay que pasarse al otro extremo irracional y autocondenarnos por tener ira. Por equivocadas y «malvadas» que sean nuestra acciones, nunca seremos unas *personas malvadas* por ser sus autores. Pero nuestra ira tiene sus propias consecuencias, a menudo unas consecuencias inhumanas para otras personas vulnerables. Tengamos presente su vulnerabilidad. Tratemos de ver que, aunque su conducta tenga un lado malo, no merecen padecer nuestra ira por esa causa. Tratemos de comprender que su sufrimiento no terminará automáticamente con su mala conducta.

Potenciar nuestras relaciones

Una ventaja obvia de no montar en cólera con los demás es que en situaciones sosegadas solemos potenciar nuestras relaciones. Pero, curiosamente, tendemos a olvidar esto y a concentrarnos en otros objetivos dudosos. Por ejemplo, como padres nos concentramos en enseñar a nuestros hijos a hacer lo que deben e insistimos en que *tienen que* hacerlo como sea. Consiguientemente, cuando no hacen lo que deben, nos encolerizamos con ellos y les decimos a gritos que deben cambiar. Resultado: empeoran nuestras relaciones con ellos, y ellos cambian, sí, pero generalmente para peor...

Así, recordemos esta máxima: «Si me enfado con los demás, lo más seguro es que me enemiste con ellos y los aliente a seguir actuando mal. Si los acepto con su conducta deficiente y no les exijo que dejen de portarse de este modo, me irá mucho mejor con ellos y también seré para ellos un profesor eficaz. Cuanto menos iracundo me muestre con ellos, mejor podré enseñarles el "modo adecuado" de hacer las cosas y más amigos tendré».

Actitud de colaboración

La TREC nos enseña que la competencia es mala y que, por tanto, debemos evitarla. Esto presupone que a menudo queremos obtener lo que queremos por todos los medios, atesorar más cosas que los demás y conseguirlas a sus expensas.

Surgirá también la competencia cuando queramos conseguir la aprobación o el amor de alguna otra persona. Supongamos que quiero establecer una relación íntima con alguien, y un rival quiere establecer la misma relación íntima con ese alguien. La persona que me gusta es monógama, por lo que al final o yo o mi competidor saldremos perdiendo. ¿Me retiraré de la competición? ¿Pelearé airadamente con mi competidor por el «premio» indivisible? ¿Tramaré obsesivamente algún ardid hasta ganar la apuesta? ¿Qué tipo de ardid tramaré?

He aquí la respuesta habitual de la TREC: tratemos, con el mayor ahínco posible, de conseguir lo que queremos y de ganar la contienda, pero sin insistir en que debemos ganarla, pues, de lo contrario, nos consideraremos unos malvados a nosotros mismos y a nuestros adversarios unos villanos. Decidamos —pero sin insistir a toda costa— ganar lo que queremos. Al mismo tiempo, pensemos en las ventajas que tiene una actitud más colaboradora. A veces, tanto nosotros como nuestro adversario podemos ganar, y es posible que hasta nos resulte grato ayudarle a lograr una satisfacción parcial. El objetivo que buscamos —ya sea amor, dinero o éxito— no tiene por qué ser nuestra *única* preferencia. Compartir con otros, planificar poniendo algo de nuestra parte para que todos salgamos ganando, mostrarnos amables con nuestros adversarios... todo esto puede formar parte de nuestras metas.

Recordemos que la competencia no sólo tiene ventajas, sino también inconvenientes. Exige tiempo y esfuerzo. Fomenta las diferencias con los demás. Hace excesivo hincapié en ganar. Tiene consecuencias sociales importantes para terceros, como cuando los sindicatos y el gobierno compiten por las ganancias de una empresa y los miembros de la sociedad padecen en su conjunto los inconvenientes de las huelgas subsiguientes. En un contexto más amplio, la competencia llevada al extremo puede conducir fácilmente a un conflicto internacional y a la guerra.

Según la TREC, cuanto más nos ejercitemos en *querer,* que no en *necesitar,* y más nos esforcemos en colaborar con muchas personas de nuestra comunidad, y no sólo con el restringido grupo de nuestra familia, menos encolerizados nos sentiremos.

Por supuesto, quizá no deseemos la satisfacción que produce la colaboración y, por tanto, no queramos trabajar para los demás. Pero al menos tenemos dos opciones posibles, y el mero hecho de que hayamos tendido «naturalmente» a privilegiar una de ellas —la ganancia unilateral— no significa que tengamos que privilegiarla siempre.

Talleres, cursillos y psicoterapia

Además de utilizar los métodos de la TREC y de la TCC (Terapia de la Conducta Cognitiva) descritos en este libro, podemos trabajar también, naturalmente, para mejorar nuestro dominio de la ira participando en seminarios, talleres, cursillos y programas de psicoterapia (si bien no en cualquier programa). Algunos de los talleres y terapias más corrientes, especialmente los dirigidos por no profesionales, hacen especial hincapié en desfogar y «escenificar» nuestros sentimientos de ira, y podrían «ayudarnos», no sólo a nosotros sino también a las personas con las que vivimos y trabajamos, a no sentirnos particularmente furiosos.

Sin embargo, tengamos por seguro que los talleres y las terapias que resaltan la importancia de realizar un cambio cognitivo-conductual y modificar las filosofías creadoras-de-ira sí nos ayudarán de manera considerable. También pueden beneficiarnos los programas que enseñan a mejorar la conducta, la comunicación en general, la educación de los hijos, etc. Probemos los métodos expuestos en este libro y exploremos y experimentemos también otros programas que, partiendo de la base de que nosotros somos los principales responsables de nuestra ira, nos muestren también lo que podemos hacer para reducirla en la práctica.

14

Aceptarnos con nuestra ira

Esperamos que este libro haya mostrado claramente cómo podemos minimizar nuestra ira y demás acciones y sentimientos malsanos que amenazan constantemente con arruinar nuestra vida cotidiana. Pero, como humanos falibles que somos, descubrimos que de vez en cuando reincidimos en actitudes y conductas contraproducentes. Cuando nos ocurra esto, es aconsejable considerar cuál es la mejor manera de hacernos frente a nosotros mismos (y a los demás).

Supongamos que hemos practicado con éxito algunos de los métodos tratados en este libro. Sin embargo, el otro día nuestro jefe se portó de manera tan desagradable e injusta con nosotros que sentimos verdaderas ganas de soltarle cuatro frescas. Afortunadamente, recibió en ese momento una llamada y se ausentó de su despacho antes de que tuviéramos oportunidad de estallar en su presencia; pero, incluso después de marcharse, necesitamos más de media hora para serenarnos. Aún nos hierve la sangre al recordar lo muy negativamente que se portó. Veamos ahora cuál es la mejor manera de enfrentarnos a nuestra ira en estas condiciones.

En primer lugar, se aconseja reconocer sin ambages que tenemos sentimientos de rabia contra nuestro jefe (en vez de negarlos o eliminarlos con razonamientos engañosos) y que *nosotros* somos sus principales causantes (además de mantenerlos con vida insensatamente). Reconozcamos asimismo que hemos hecho esto de manera equivocada, estúpida. Nos sentimos justamente enfadados e irritados por la conducta de nuestro jefe, sin duda desagradable y crítica por demás. ¿Por qué nos debería gustar si fue tan injusta?

Pero lo cierto es que nos enfurecimos *por* su conducta desagradable e injusta, cosa que no debimos hacer.

En segundo lugar, pero no por ello menos importante, podemos esforzarnos por aceptarnos *con* nuestra rabia, reconocer la incorrección de nuestros sentimientos, que no es lo mismo que reconocer nuestra maldad. Reconocemos que, al igual que todo el mundo, también nosotros podemos obrar mal, pero sin que por ello debamos autocondenarnos. Como personas falibles que somos, nos otorgamos el derecho a equivocarnos, a enfurecernos malsanamente. Pensemos que no somos ni idiotas ni gusanos por haber actuado así. Somos simplemente *personas que* han actuado de manera estúpida, no *personas* estúpidas.

Nos diremos algo así: «Realmente me he portado de manera contraproducente al enfurecerme contra mi jefe, pero puedo hacerlo, ya que, como humano que soy, tengo derecho a actuar de una manera estúpida. Mi acción ha sido equivocada, pero *no soy* una persona malvada por ello». En otras palabras, que nos aceptemos a nosotros *sin* aceptar nuestra conducta. Reconozcamos plenamente la estupidez de la misma: es un sentimiento que con toda probabilidad nos acarreará más daños que bienes.

Revisemos nuestra ira y veamos por qué nos perjudica. Nos produce «acidez estomacal». No nos ayuda a resolver los problemas con nuestro jefe. Puede hacer fácilmente que empeore nuestra relación con él. Puede originar problemas físicos (tensión alta, etc.). Hace que nos obsesionemos con nuestro jefe y con su aparente irracionalidad, impidiéndonos concentrarnos en nuestro trabajo para, así, poder complacerlo. Sabotea nuestra eficacia de muchas maneras.

Si nos decidimos a aceptar*nos,* es decir, a aceptar nuestra humanidad a pesar de nuestra ira, tendremos pocos problemas para reconocer*la* como algo que nos perjudica o sabotea. Pero si insistimos en condenarnos por nuestra ira, entonces tenderemos a negar, reprimir y excusar nuestra rabia, y nos enfrentaremos a ella de una manera bastante deficiente. ¡La veremos como algo malo pero corregible!

Revisemos lo que nos dijimos equivocadamente para enfurecernos. Decidamos pensar en algo distinto en el futuro, y practiquémoslo mentalmente. Ahora probablemente entendamos que entonces *exigimos* que nuestro jefe actuara de manera correcta y amable y que, al no satisfacer él esta exigencia, nos dijimos: «¡Esto es terrible! No tenía derecho a actuar de esa manera. No quiero que actúe así. No soporto su estupidez. ¡Ojalá lo parta un rayo!».

Ahora nos preguntaremos —en la fase D de disputar—: «¿Por qué es *horrible* que mi jefe actúe de manera desagradable e injusta? ¿Por qué no tiene *ningún derecho* a actuar de esa manera? ¿Puedo probar que *no soporto* realmente su estupidez? ¿Es mi jefe una persona real y *absolutamente mala,* a la que debería partir un rayo para que yo me quede satisfecho?».

Podemos responder de esta manera: «No hay *nada* que convierta en terrible el hecho de que mi jefe actúe de manera desagradable e injusta. Simplemente me resulta fastidioso e incómodo. Él también *tiene* derecho a actuar como actúa. Aunque se porte mal, y no me guste su conducta, *puedo* aguantarlo. Tengo claro que no soy un granuja cuando equivocadamente lo contrarío. Así que tampoco él lo es porque me contraríe a mí».

Observaremos cómo, al abordar esta situación según los principios de la TREC, no hemos eludido la responsabilidad de nuestra furia con nuestro jefe, alentando con ello nuestra furia futura. Hemos reconocido sinceramente nuestra ira, y hemos reconocido también *su* incorrección. Nos hemos esforzado por comprender lo que hicimos *nosotros* para enfadarnos y lo que podemos hacer *nosotros* en el futuro para no volver a ceder al enfado y a la ira. Esto es lo principal. Viviremos felizmente con nuestra ira *entendiéndola,* viendo de manera realista que los humanos nos enfadamos de manera fácil y natural, *aceptándonos* a nosotros mismos por haberla generado y *mostrándonos a nosotros mismos la manera de disputarla.*

Una vez que hayamos empezado a reconocer y a disputar las creencias irracionales, que son las principales causantes de la rabia, podremos seguir ciertos procedimientos prácticos que nos permitan salir ilesos de nuestro enojo y tal vez también animar a otros que se sientan airados a reconsiderar su conducta. He aquí varias cosas que podemos hacer:

1. Tratar de hacer valer nuestra opinión ante las personas con las que estamos enfadados con enunciados en primera persona en

vez de con enunciados en segunda persona. Si odiamos a nuestro jefe por hacernos trabajar horas extraordinarias y no pagarnos por ellas, no le digamos: «¡Usted sigue tratándome de manera injusta al hacerme trabajar horas extraordinarias! ¡No entiendo cómo puede hacer esto!». Semejante afirmación lo acusa directamente de conducta «vil» y presupone que él sabe lo vil que es y, por tanto, que *bajo ningún concepto* debería hacerlo. Nuestra acusación difícilmente lo alentará a escucharnos de buen grado.

En cambio, podemos transmitir el mismo mensaje mediante el siguiente tipo de enunciado en primera persona: «Parece ser que me siguen pidiendo que haga horas extraordinarias sin una remuneración adicional, lo cual no me gusta nada. Me pregunto si es justo. Suponiendo, desde mi punto de vista, que en esto haya un elemento injusto, me pregunto cómo lo ve usted desde su punto de vista». Este tipo de enunciados en primera persona revela nuestros sentimientos y revela también que creemos que se ha cometido una acción errónea; pero lo revela de manera diplomática. Manifiesta nuestro malestar, pero no nuestra inmensa ira, aunque en realidad nos sintamos airados mientras hablamos.

2. Cuando estamos enfadados con alguien que no parece ser consciente de lo «mal» que ha actuado, tratemos de hablar con autoridad en vez de autoritariamente. Por ejemplo, si tenemos a un empleado que llega siempre tarde, no le digamos: «Pero, ¿cómo puede llegar siempre tarde? Sabe de sobra que aquí no se tolera el menor retraso». Podemos decirle más bien: «No sé si alguien se lo dijo cuando empezó a trabajar en la empresa, pero nuestra política en materia de puntualidad es bastante estricta. Al que llega varias veces con unos minutos de retraso le suele llamar la atención su jefe de sección, penalizándole si después del aviso sigue sin llegar a su hora. La empresa tiene esta norma desde hace mucho tiempo y le parece bien llevarla a rajatabla. Por eso le hemos llamado, para hablarle del problema de su falta de puntualidad».

Asimismo, si notamos que un compañero de clase nos pide siempre los trabajos que hay que hacer en casa para copiarlos, y nos enfadamos por ello, podríamos decirle algo así: «Tal vez no estés de acuerdo con los trabajos que ponen para hacer en casa y pienses que son una tontería. Pero yo, personalmente, he descubierto que no capto del todo lo que se explica en clase hasta que no hago los trabajos que mandan. Me parece que la mejor manera de aprender una cosa es practicándola uno mismo. Por eso creo que prestarte mi trabajo personal para que lo copies no te va a ꭕrvir de mucho y que tú te harías a ti mismo un flaco favor copiándolo. Por eso creo que no te lo volveré a prestar». Este tipo de respuesta parece mucho mejor que soltar autoritariamente al pedigüeño de turno la siguiente respuesta: «¡Oye, majo!, en esta clase no se prestan los trabajos personales. Eso es algo muy feo».

3. Generalmente saldremos mejor parados si, cuando alguien nos pone de vuelta y media y nosotros nos enfadamos por ello, no picamos en su anzuelo ni arremetemos contra él. Las réplicas vengativas a veces nos hacen sentir momentáneamente bien, pero no producen buenos resultados. Suelen hacer que nos enfademos más aún y que nos enemistemos con el otro. Así, nuestra mejor réplica es parecer que estamos de acuerdo con la ofensa sufrida, no hacer caso o mostrar al ofensor que no nos la tomamos demasiado en serio, que no estamos de acuerdo con lo que dice y que podemos reaccionar firme pero sosegadamente.

Si, por ejemplo, alguien a quien conocemos se ríe de nosotros por ir vestidos de cierta manera especial, podemos darle estos tipos de réplica: a) «Sí, mi chaqueta parece cutre»; b) «Veo que no te gusta nada la manera como voy vestido»; c) «Puede que a alguien le parezca cutre mi chaqueta, pero a mí me parece interesante y atractiva»; d) «Entiendo lo que quieres decir, y sé que mucha gente puede estar de acuerdo con lo que dices, pero este tipo de cosas no me parecen tan importantes»; e) «Parece que no coincidimos en el sentido de la palabra "cutre"»; f) «A ti te puede parecer cutre, pero casi todo el mundo prefiere este tipo de color este año, y por tanto, aunque lleves razón, creo que voy a seguir la corriente general».

Con este tipo de respuestas mantenemos firme nuestra posición sin por ello enfadarnos con los demás. Aunque sintamos enfado al replicar de este modo, nuestras réplicas tienden a calmarnos y a hacer que nos sintamos algo menos airados. Actuando de este modo nunca perderemos nuestra personalidad, pues, aunque nuestro interlocutor piense que somos débiles, tal vez el problema sea sólo suyo, pues nosotros no tenemos por qué sentirnos nunca inferiores a nadie.

4. Como han señalado atinadamente Herbert Fensterheim y Jean Baer, esto no significa que sea mejor pedir disculpas o autodetestarnos cuando alguien nos pone de vuelta y media y nos da mucha rabia. Si alguien critica nuestro gusto en el vestir, no le contestaremos: «Sí, creo que la gente se forma un mal concepto de mí cuando llevo colores chillones como éste», ni: «Tienes razón. Debo de tener muy mal gusto». Actuar débilmente puede alentar a nuestro crítico a seguir ensañándose con nosotros y el hecho puede brindar un precedente peligroso a los demás. En mi libro *How to Live With a «Neurotic» (Cómo convivir con un «neurótico»)*, yo (A.E.) digo lo siguiente: «Tratemos de tener una actitud de firme simpatía. No una simpatía no firme ni una antipatía firme. Simplemente una simpatía firme, mantener firmemente nuestra personalidad independientemente de lo que los demás puedan pensar de nosotros.

5. Ocasionalmente nos parecerá mejor replicar a las humillaciones de manera sarcástica, mezquina o crítica, pues, en ciertos casos —como ocurre con las bandas callejeras—, si no nos defendemos y no devolvemos antipatía por antipatía, el grupo puede considerarnos unos debiluchos y victimizarnos sistemáticamente. Sin embargo, se aconseja que las réplicas sarcásticas sean más la excepción que la norma, aun cuando se nos haya insultado sin contemplaciones y nos sintamos furiosos.

6. No seamos perfeccionistas a la hora de hacer frente a la ira ni nos obsesionemos con contestar «adecuadamente» a la gente cuando nos enfademos con ella. Inevitablemente, unas veces replicaremos de mala manera, o débilmente, y otras estaremos tan ciegos de ira que contestaremos de manera sulfurada y enconada. No nos quepa la menor duda. Sería bonito que siempre nos condujéramos cabalmente —y no insensatamente— cuando nos posee la ira. Pero alguna veces *actuaremos* de manera insensata, eso es evidente.

Aprendamos a aceptarnos con nuestras debilidades, y, por tanto, con nuestra ira. En el fondo, nuestra estupidez no hace sino poner de manifiesto nuestra humanidad (Leonardo da Vinci, Isaac Newton y Albert Einstein actuaron estúpidamente muchas veces. ¡Por qué íbamos a ser nosotros una excepción!)

7. Saber que podemos estar menos furiosos. La absoluta falta de agresividad no la conseguiremos nunca, pero sí que podemos ser unas personas no tan frecuente ni decididamente airadas. Intentémoslo y no nos rindamos tan fácilmente. Hagamos prácticas hablándonos a nosotros mismos para superar la rabia y tratemos, al mismo tiempo, de hablar con algunos de nuestros mejores amigos y compañeros para que intenten superar la suya. Si logramos hacerles ver la manera de sentirse menos enfurecidos, probablemente nos sirvan de buenos ejemplos para la reducción de nuestra propia agresividad.

8. Cuando nos sintamos iracundos, tratemos de reconocerlo tanto en nuestro fuero interno como en compañía de los demás. Aunque, por supuesto, no hay por qué hacerlo siempre. Si, por ejemplo, nos sentimos excepcionalmente coléricos con el director de nuestro colegio o con alguno de nuestros superiores, es mejor no manifestarlo. Otra cosa sería con nuestros amigos y compañeros de trabajo, con quienes podemos ser perfectamente sinceros. Ante ellos, reconozcamos lo furiosos que nos sentimos y, en nuestro fuero interno, que lo estamos por culpa *nuestra*. Así evitaremos el problema de aplastar nuestra ira, de mantenerla bien escondida y, por ende, de perder un tiempo y unas energías que podemos aprovechar para enfrentarnos a ella y hacer algo positivo para reducirla.

Si queremos vivir felices con nuestra ira, llevemos a cabo algunas de las cosas que haríamos si quisiéramos minimizarla. Los métodos de la TREC funcionan igual tanto si queremos reducir la perturbación emocional, como para vivir más felizmente mientras la experimentamos. En el libro —que se mueve en la línea de la TREC— publicado por Paul A. Hauck y titulado *Overcoming Frustration and Anger (Superando la frustración y la ira)*, encontramos varios consejos para evitar la agresividad que pueden sernos también de utilidad si la ira sigue apoderándose fácilmente de nosotros y queremos vivir de manera feliz mientras intentamos aminorar nuestra rabia.

Por ejemplo, Hauck señala que la justa cólera no nos sirve de excusa para seguir encolerizados, pues cualquier tipo de cólera tiene tendencia a incluir el sentimiento de haber obrado bien: «De hecho, la ira no surgiría en absoluto si no creyéramos que llevamos toda la razón y que la otra persona está completamente equivocada. Esto se aplica también a las cosas y a la naturaleza. Cuando damos una patada a un neumático deshinchado, en realidad estamos tratando de decir al mundo que ese neumático no tiene derecho a deshincharse, que nos ha jugado una mala pasada y que merece una patada por ser un neumático tan inútil».

Reconocer nuestra justa indignación y enfrentarnos a la insensatez que en parte conlleva nos ayudará a dejar de dar patadas a los neumáticos (y también a reconocerla con humor y a aceptarla como parte de nuestra condición humana; es decir, de nuestra condición falible).

En perfecta sintonía con la TREC, Paul Hauck y Bud Nye nos recomiendan enfadarnos constructivamente con los *actos,* pero no con los *actores* (por tanto, tampoco con nosotros mismos en nuestra calidad de actores). Si nos sentimos sumamente disgustados por alguna deficiencia grave, podemos animarnos a nosotros mismos y a los demás a corregir estos fallos y, con ello, a fomentar los aspectos constructivos de nuestra naturaleza. Algunas críticas contundentes tal vez conduzcan a una resolución constructiva de los problemas, siempre y cuando no sean condenatorias.

En el mismo libro *(Overcoming Frustration and Anger),* Hauck prosigue con este proverbio de la TREC: «Perdónalo todo y no olvides nada». ¡Excelente formulación! Por ejemplo, si perdonamos a Joan y a Jack el haber incumplido su promesa de compartir piso con nosotros, y los aceptamos como humanos *con* una conducta malvada, podremos recordar esta experiencia desafortunada y utilizarla para protegernos contra futuras injusticias parecidas. Así podremos convivir más felizmente con nuestra ira y con los *actos* de Jack y Joan (y de otras personas), al tiempo que renunciamos a nuestro enfado con *ellos.*

15

Observaciones a modo de conclusión

Todos los métodos para reducir la rabia y convivir felizmente con la ira que todavía nos carcome funcionan bastante bien... con determinadas personas y por algún tiempo. Pero ningún método es perfecto. Todos tienen sus limitaciones. Como individuos irrepetibles que somos, puede que unos métodos nos parezcan particularmente eficaces y otros «ni fu ni fa». ¿Queda otra solución que no sea experimentar activamente con ellos? Prácticamente ninguna.

¿Estos métodos para reducir la ira, que han sido clínica y científicamente verificados, nos ayudarán a sentirnos menos enfadados, vivir mejor y sufrir menos cuando, a pesar de nuestros esfuerzos, sigamos actuando con ira? Es muy probable, con tal de que aceptemos la principal tesis de la TREC: a saber, que como humanos que somos a menudo topamos con injusticias y problemas graves —muchos de los cuales no los creamos nosotros— y nos encolerizamos innecesariamente por ellos.

Una vez aceptada nuestra responsabilidad en la producción de la ira —por no mencionar otros sentimientos perturbados—, estaremos en el buen camino para sacar provecho de nuestra tendencia natural a resolver problemas y potenciar la felicidad. Podremos también centrarnos en resolver las dificultades de la vida en vez de dejarnos desquiciar por ellas. Aunque la rabia parezca controlarnos, una vez que comprendamos que tenemos suficiente poder para dominarla y reducirla, podremos ejercitarnos para ser mucho menos iracundos.

Quizá nos parezca que ni siquiera tenemos necesidad de ir tan lejos. Como hemos señalado, podemos aprender a vivir bastante felices *con* nuestra ira. Si queremos, podemos quedarnos en esa fase. No estamos *obligados* a desenfadarnos siempre que la ira haga su aparición. Podemos aceptarnos con nuestros sentimientos rencorosos y vivir mejor gracias precisamente a esta aceptación. Sin embargo, a menudo descubriremos que, cuando empezamos a alcanzar esta fase, en la que nos negamos a condenarnos cuando nos enfadamos y buscamos más la resolución de los problemas que la «horrible» injusticia de la vida, probablemente queramos pasar a la siguiente fase, más elegante, y deshacernos de nuestra ira en aras de una actitud más indulgente y menos condenatoria del mundo y de la gente que lo habita. No decimos que debamos hacerlo, pero, ¿por qué no intentarlo, para ver qué pasa?

Apéndice

Formulario de autoayuda de la TREC*

* Windy Dryden y Jane Walker, 1992. Revisado por el Albert Ellis Institute, 1996.

A (ACONTECIMIENTO ACTIVADOR)

- Resumir brevemente la situación que nos perturba
  (¿qué vería una cámara?).
- Una *A* puede ser *interna* o *externa, real* o *imaginada.*
- Una *A* puede ser un acontecimiento *pasado, presente* o *futuro.*

Cri (CREENCIAS IRRACIONALES)

D (DISPUTAR LAS Cri)

Para identificar las Cri, buscaremos:

- EXIGENCIAS DOGMÁTICAS
  (Imperativos, órdenes categóricas, mandamientos).

- TERRIBILIZACIÓN
  (Es espantoso, terrible, horrible).

- BAJA TOLERANCIA DE LA FRUSTRACIÓN
  (No-lo-soporto).

- AUTOHETERO EVALUACIÓN
  (Soy/es malo, despreciable).

Para disputar, nos preguntaremos:

- ¿Adónde voy a llegar si sigo mateniendo esta creencia?
  ¿Es *útil* o *contraproducente?*
- ¿Dónde están las pruebas a favor de la existencia de mi creencia irracional? ¿Es *acorde con la realidad?*
- ¿Es *lógica* mi creencia? ¿Es fruto de mis preferencias?
- ¿Es mi problema realmente *espantoso* (todo lo malo que puede ser)?
- ¿De veras no lo puedo soportar?

188

C (CONSECUENCIAS)

Principales **emociones** negativas malsanas:

Principales **conductas** contraproducentes:

Entre las emociones negativas malsanas, destacan:
- Ansiedad • Depresión • Rabia
- Vergüenza • Agravio
- Baja tolerancia de la frustración
- Celos • Culpabilidad

Crr (CREENCIAS RACIONALES)

E (EFECTO NUEVO)

Nuevas **emociones negativas** sanas:

Conductas constructivas nuevas:

Pensar de manera más racional, esforzarnos por:
- PREFERENCIAS NO DOGMÁTICAS
  (Apetencias, querencias, deseos).
- EVALUAR LA MALDAD
  (Es malo, desafortunado).
- ALTA TOLERANCIA DE LA FRUSTRACIÓN
  (No me gusta, pero lo aguanto).
- NO EVALUARNOS GLOBALMENTE NI A NOSOTROS MISMOS NI A LOS DEMÁS
  (Al igual que los demás, somos seres humanos falibles).

Entre las emociones negativas saludables destacan:

- Decepción

- Preocupación

- Fastidio

- Tristeza

- Pesar

- Frustración

189

A (ACONTECIMIENTO ACTIVADOR)

> Mi jefe me criticó duramente y me trató
> de manera injusta.

- Resumir brevemente la situación que nos perturba
  (¿qué vería una cámara?).
- Una *A* puede ser *interna* o *externa, real* o *imaginada*.
- Una *A* puede ser un acontecimiento *pasado, presente* o *futuro*.

Cri (CREENCIAS IRRACIONALES)

> ¡Nunca debería
> tratarme así!
>
> ¡No soporto su trato
> injusto!
>
> ¡Es una persona muy
> desagradable y malvada!

D (DISPUTAR LAS Cri)

> ¿Dónde está la prueba de que
> mi jefe me deba tratar
> de manera justa?
>
> ¿Se sigue de su tratamiento
> injusto que no pueda soportarlo
> ni ser feliz?
>
> ¿Lo convierte en una persona
> totalmente malvada el hecho de
> tratarme mal?
>
> ¿Me va a ayudar o a perjudicar
> el aferrarme a creencias
> irracionales?

Para identificar las Cri, buscaremos:

- EXIGENCIAS DOGMÁTICAS
  (Imperativos, órdenes categóricas, mandamientos).

- TERRIBILIZACIÓN
  (Es espantoso, terrible, horrible).

- BAJA TOLERANCIA DE LA FRUSTRACIÓN
  (No lo soporto).

- AUTOHETERO EVALUACIÓN
  (Soy/es malo, despreciable).

Para disputar, nos preguntaremos:

- ¿Adónde voy a llegar si sigo mateniendo esta creencia?
  ¿Es *útil* o *contraproducente*?
- ¿Dónde están las pruebas a favor de la existencia de mi creencia irracional? ¿Es *acorde con la realidad*?
- ¿Es *lógica* mi creencia? ¿Es fruto de mis preferencias?
- ¿Es mi problema realmente *espantoso* (todo lo malo que puede ser)?
- ¿De veras no lo puedo soportar?

C (CONSECUENCIAS)

> Principales **emociones** negativas malsanas:
> La ira.
>
> Principales **conductas** contraproducentes:
> Estuve tres días seguidos sin trabajar
> y enfurruñado.

Entre las emociones negativas malsanas, destacan:

- Ansiedad   • Depresión   • Rabia   • Baja tolerancia de la frustración
- Vergüenza   • Agravio   • Celos   • Culpabilidad

Crr (CREENCIAS RACIONALES)

> No hay pruebas de que mi jefe
> deba tratarme de manera
> equitativa. A pesar de su trato
> injusto, puedo soportarlo y
> seguir siendo feliz. El mal trato
> que me ha dispensado lo
> convierte en una persona que
> puede tratar mal a la gente;
> pero porque haga otras muchas
> cosas parecidas no es una
> persona totalmente mala.
> Alimentar mis creencias
> irracionales no lo cambiará,
> sino que hará que yo me
> enfurezca más aún y lo animará
> a tratarme aún peor.

Pensar de manera más racional, esforzarnos por:

- PREFERENCIAS NO
  DOGMÁTICAS
  (Apetencias, querencias, deseos).
- EVALUAR LA MALDAD
  (Es malo, desafortunado).
- ALTA TOLERANCIA DE LA
  FRUSTRACIÓN
  (No me gusta, pero lo aguanto).
- NO EVALUARNOS
  GLOBALMENTE NI A NOSOTROS
  MISMOS NI A LOS DEMÁS
  (Al igual que los demás, somos
  seres humanos falibles).

E (EFECTO NUEVO)

> Nuevas **emociones**
> **negativas** sanas:
>
> Decepción
> y frustración.
>
>
> **Conductas**
> constructivas nuevas:
>
> Enfrentarnos a nuestro jefe
> sin ira pero con resolución.

Entre las emociones negativas saludables destacan:

- Decepción

- Preocupación

- Fastidio

- Tristeza

- Pesar

- Frustración

Bibliografía

Nota: Las citas precedidas de un asterisco (*) en la siguiente lista de referencias están recomendadas para lectores que deseen obtener más detalles sobre Terapia Racional Emotivo-Conductual (TREC) y Terapia Cognitivo-Conductual (TCC). Aquellas precedidas de dos asteriscos (**) son materiales y libros de autoayuda sobre TREC y TCC. Muchos de estos materiales pueden obtenerse del Albert Ellis Institute 45 East 65th Street, Nueva York, NY 10021-6508. El catálogo gratuito del instituto y los materiales que este distribuye pueden solicitarse en días laborables por teléfono (212-535-0822) o por fax (212-249-3582). Además de estos y otros materiales, el instituto ofrece conferencias, seminarios y sesiones de formación, así como otras presentaciones en el área del crecimiento humano y la vida sana, que también constan todos ellos en el catálogo. Muchas de las citas enumeradas aquí no son remisiones del texto, especialmente muchos de los materiales de autoayuda.

*Abrams, M. y Ellis, A., «Rational Emotive Behavior Therapy in the Treatment of Stress», *British Journal of Guidance and Counseling,* n° 22, 1994, págs. 39-50.

**Alberti, R. F. y Emmons, M. L., *Your Perfect Right,* 7ª ed. rev. San Luis Obispo, CA, Impact, 1995.

*Ansbacher, H. L. y Ansbacher, R., *The Individual Psychology of Alfred Adler,* Nueva York, Basic Books, 1956.

Averill, J. R., «Studies on Anger and Aggression: Implications for Theories of Emotion», *American Psychologist,* n° 38, 1983, págs. 1.145-1.160.

Bach, G. R. y Goldberg, H., *Creative Aggressions,* Nueva York, Avon, 1975.

**Baldon, A. y Ellis, A., *RET Problem Solving Workbook,* Nueva York, Institute for Rational-Emotive Therapy, 1993.

*Bandura, A., *Social Foundations of Thought and Action: A Social Cognitive Theory,* Englewood Cliffs, NJ, Prentice-Hall, 1986.

*Barlow, D. H., *Anxiety and Its Disorders: The Nature and Treatment of Anxiety and Panic,* Nueva York, Guilford, 1989.

**Barlow, D. H. y Craske, M. G., *Mastery of Your Anxiety and Panic,* San Antonio, TX, The Psychological Corporation, 1994 (trad. cast.: *Domine la ansiedad y el pánico,* Murcia, J. Martín, 1993).

*Beck, A. T., *Cognitive Therapy and the Emotional Disorders,* Nueva York, International Universities Press, 1976 (trad. cast.: *Terapia cognitiva de los trastornos de la personalidad,* Barcelona, Paidós, 1995).

**Beck, A. T., *Love Is Not Enough.* Nueva York, Harper & Row, 1988 (trad. cast.: *Con el amor no basta,* Barcelona, Paidós, 1998).

*Beck, A. T. y Emery, G., *Anxiety Disorders and Phobias,* Nueva York, Basic Books, 1985.

*Beck, J. S., *Cognitive Therapy: Basics and Beyond,* Nueva York, Guilford, 1995.

*Bernard, M. E. (comp.), *Using Rational-Emotive Therapy Effectively: A Practitioner's Guide,* Nueva York, Plenum, 1991.

**Bernard, M. E., *Stayind Rational in an Irrational World,* Nueva York, Carol Publishing, 1993.

*Bernard, M. E. y DiGiuseppe, R. (comps.), *Inside RET: A Critical Appraisal of the Theory and Therapy of Albert Ellis,* San Diego, CA, Academic Press, 1989.

*Bernard, M. E. y Wolfe, J. L. (comps.), *The RET Resource Book for Practitioners,* Nueva York, Institute for Rational-Emotive Therapy, 1993.

*Blau, S. F., «Cognitive Darwinism: Rational-Emotive Therapy and the Theory of Neuronal Group Selection», *ETC: A Review of General Semantics,* 50, 1993, págs. 403-441.

**Bloomfield, H. H. y McWilliams, P., *How to Heal Depression,* Los Angeles, Prelude Press, 1994 (trad. cast.: *Cómo curar la depresión,* Barcelona, Obelisco, 1997).

Boorstin, D. J., «A Case of Hypochondria», en *Newsweek,* 6 julio 1970, págs. 27-29.

**Broder, M. S., The Art of Staying Together, Nueva York, Avon, 1994.

**Broder, M. (conferenciante), *Overcoming Your Anger in the Shortest Period of Time,* grabación en casete, Nueva York, Institute for Rational-Emotive Theraphy, 1995a.

Broder, M. (conferenciante), *Overcoming Your Depression in the Shortest Period of Time,* grabación en casete, Nueva York, Institute for Rational-Emotive Therapy, 1995b.

Broder, M. (conferenciante), *Overcoming Your Anxiety in the Shortest Period of Time*, grabación en casete, Nueva York, Institute for Rational-Emotive Therapy, 1995c.

**Burns, D. D., *Feeling Good: The New Mood Therapy*, Nueva York, Morrow, 1980 (trad. cast.: *Sentirse bien: una nueva fórmula contra las depresiones*, Barcelona, Paidós, 1998).

**Burns, D. D., *The Feeling Good Handbook*, Nueva York, Plume, 1989 (trad. cast.: *Sentirse bien*, Barcelona, Altaya, 1995).

**Burns, D. D., *Ten Days to Self-Esteem*, Nueva York, Morrow, 1993.

Cannon, W. B., *The Wisdom of the Body*, Nueva York, Norton, 1932.

**Covey, S. R., *The Seven Habits of Highly Effective People*, Nueva York, Simon & Schuster, 1992 (trad. cast.: *Los 7 hábitos de la gente altamente efectiva*, Barcelona, Paidós, 1998).

*Crawford, T. y Ellis, A., «A Dictionary of Rational-Emotive Feelings and Behaviors», en *Journal of Rational-Emotive and Cognitive-Behavioral Therapy*, vol. 7, n° 1, págs. 3-27.

**Danysh, J., *Stop Without Quitting*. San Francisco, International Society for General Semantics, 1974.

Davis, M., Eshelman, E. R. y McKay, M., *The Relaxation and Stress Reduction Workbook*. Oakland, CA: New Harbinger Publications.

*Deffenbacher, J., «Ideal Treatment Package for Adults With Anger Disorders», en H. Kassinove (comp.), *Anger Disorders: Definition, Diagnosis, and Treatment*, págs. 151-172, Washington, D.C., Taylor and Francis, 1995.

Deffenbacher, J. L. y Stark, R. S., «Relaxation and Cognitive-Relaxation Treatments of General Anger», *Journal of Counseling Psychology*, vol. 39, n° 2, págs. 158-167, 1992.

**DiGiuseppe, R. (conferenciante), *What Do I Do With My Anger: Hold It In or Let It Out?* Grabación en casete, Nueva York, Institute for Rational-Emotive Therapy, 1990.

DiGiuseppe, R., «Comprehensive Cognitive Disputing in RET», en M. E. Bernard, *Using Rational-Emotive Therapy Effectively*, Nueva York, Plenum, 1991a.

DiGiuseppe, R. (conferenciante), *Maximizing the Moment: How to Have More Fun and Happiness in Life*, grabación en casete, Nueva York, Institute for Rational-Emotive Therapy, 1991b.

*DiGiuseppe, R., Tafrate, R. y Eckhardt, C., «Critical Issues in the Treatment of Anger», en *Cognitive and Behavioral Practice*, n° 1, 1994.

DiMattia, D., *Rational Effectiveness Training*, Nueva York, Institute for Rational-Emotive Therapy, 1991.

DiMattia, D. y Ijzermans, T., *Reaching Their Minds: A Trainer's Manual for Rational Effectiveness Training,* Nueva York, Institute for Raional-Emotive Therapy, 1996.

*DiMattia, D. y Lega, L. (comps.), *Will the Real Albert Ellis Please Stand Up? Anecdotes by His Colleagues, Students and Friends Celebrating His 75th Birthday,* Nueva York, Institute for Rational-Emotive Therapy, 1990.

**DiMattia, D. J. y otros (conferenciantes), *Mind Over Myths: Handling Difficult Situations in the Workplace,* grabación en casete, Nueva York, Institute for Rational-Emotive Therapy, 1987.

Dolnick, E., «Hotheads and Heart Attacks», *Health,* julio-agosto 1995, págs. 58-64.

*Dryden, W., *Dealing With Anger Problems: Rational-Emotive Therapeutic Interventions,* Sarasota, FL, Professional Resource Exchange, 1990.

**Dryden, W., *Overcoming Guilt!* Londres, Sheldon, 1994.

Dryden, W., *Brief Rational-Emotive Behavior Therapy.* Londres, Wiley, 1995a.

*Dryden, W. (comp.), *Rational Emotive Behavior Therapy: A Reader,* Londres, Sage, 1995b.

*Dryden, W., Backx, W. y Ellis, A., «Problems in Living: The Friday Night Workshop», en W. Dryden, *Current Issues in Rational-Emotive Therapy,* págs. 154-170. Londres y Nueva York, Croom Helm, 1987.

*Dryden, W. y DiGiuseppe, R., *A Primer on Rational-Emotive Therapy,* Champaign, IL, Research Press, 1990.

*Dryden, W. y Ellis, A., «Albert Ellis: An Efficient and Passionate Life», *Journal of Counselign and Development,* n° 67, 1989, págs. 539-546. Nueva York, Institute for Rational-Emotive Therapy.

**Dryden, W. y Gordon, J., *Think Your Way to Happiness,* Londres, Sheldon Press, 1991.

**Dryden, W. y Gordon, J., *Peak Performance,* Oxfordshire, England, Mercury, 1993.

*Dryden, W. y Hill, L. K. (comps.), *Innovations in Rational-Emotive Therapy,* Newbury Park, CA, Sage, 1993.

*Dryden, W. y Neenan, M., *Dictionary of Rational Emotive Behavior Therapy,* Londres, Whurr Publishers, 1995.

*Dryden, W. y Yankura, J., *Daring to Be Myself: A Case Study in Rational-Emotive Therapy,* Buckingham, Inglaterra y Filadelfia, PA, Open University Press, 1992.

*Dryden, W. y Yankura, J., *Albert Ellis,* Londres, Sage, 1994.

**Ellis, A., *How to Live With a «Neurotic». At Home and at Work*, Nueva York, Crown, (ed. revisada: Hollywood, CA, Wilshire Books, 1975).

**Ellis, A., *Executive Leadership: The Rational-Emotive Approach*. Nueva York, Institute for Rational-Emotive Therapy, 1972a.

*Ellis, A., «Helping People Get Better Rather Than Merely Feel Better», *Rational Living*, vol. 7, n° 2, 1972b, págs. 2-9.

**Ellis, A., *How to Master Your Fear of Flying*, Nueva York, Institute for Rational-Emotive Therapy, 1972c.

**Ellis, A., (conferenciante), *How to Stubbornly Refuse to Be Ashamed of Anything*, grabación en casete, Nueva York, Institute for Rational-Emotive Therapy, 1973a.

*Ellis, A., *Humanistic Pshychotherapy: The Rational-Emotive Approach*, Nueva York, McGraw-Hill, 1973b.

**Ellis, A., *Twenty-one Ways to Stop Worrying*, grabación en casete, Nueva York, Institute for Rational-Emotive Therapy, 1973c.

**Ellis, A., *Rational Living in an Irrational World*, grabación en casete, Nueva York: Institute for Rational-Emotive Therapy, 1974.

**Ellis, A., «The Biological Basis of Human Irrationality», *Journal of Individual Pshychology*, n° 32, págs. 145-168, (reimpresión: Nueva York, Institute for Rational-Emotive Therapy).

**Ellis, A., (conferenciante), *Conquering Low Frustration Tolerance*, grabación en casete, Nueva York, Institute for Rational-Emotive Therapy, 1976b.

**Ellis, A., (conferenciante), *Conquering the Dire Need For Love*, grabación en casete, Nueva York, Institute for Rational-Emotive Therapy, 1977a.

*Ellis, A., «Fun as Psychotherapy», *Rational Living*, vol. 12, n° 1, págs. 2-6. También: grabación en casete, Nueva York, Institute for Rational-Emotive Therapy, 1977b.

**Ellis, A., (conferenciante), *A Garland of Rational Humorous Songs*, grabación en casete y libro de canciones, Nueva York, Institute for Rational-Emotive Therapy, 1977c.

**Ellis, A., *I'd Like to Stop But... Dealing With Addictions*, grabación en casete, Nueva York, Institute for Rational-Emotive Therapy, 1978.

**Ellis, A., *The Intelligent Woman's Guide to Dating and Mating*, Secaucus, NJ, Lyle Stuart, 1979a.

*Ellis, A., «Rational-Emotive Therapy: Research Data That Support the Clinical and Personality Hypotheses of RET and Other Modes of Cognitive-Behavior Therapy», en A. Ellis y J. M. Whiteley (comps.), *The-

oretical and Empirical Foundations of Rational-Emotive Therapy, págs. 101-173, Monterey, CA, Brooks/Cole, 1979b.

**Ellis, A., (conferenciante), *Twenty-two Ways to Brighten Up Your Love Life,* grabación en casete, Nueva York, Institute for Rational-Emotive Therapy, 1980c.

**Ellis, A., (conferenciante), *Solving Emotional Problems,* grabación en casete, Nueva York, Institute for Rational-Emotive Theraphy, 1982.

*Ellis, A., *Intellectual Fascism,* Nueva York, Institute for Rational-Emotive Therapy, 1985a (rev. 1991).

*Ellis, A., *Overcoming Resistance: Rational-Emotive Therapy With Difficult Clients,* Nueva York, Springer, 1985b.

*Ellis, A., «The Evolution of Rational-Emotive Therapy (RET) and Cognitive-Behavior Therapy (CBT)», en J. K. Zeig (comp.), *The Evolution of Pshychotherapy,* Nueva York, Brunner/Mazel, 1987a, págs. 107-132.

*Ellis, A., «A Sadly Neglected Cognitive Element in Depression», *Cognitive Therapy and Research,* n° 11, págs. 121-146, 1987b.

*Ellis, A., «The Use of Rational Humorous Songs in Psychotherapy», en W. F. Fry Jr. y W. A. Salamed (comps.). *Handbook of Humor and Psychotherapy,* págs. 265-287, Sarasota, FL, Professional Resource Exchange, 1987c.

*Ellis, A., *How to Stubbornly Refuse to Make Yourself Miserable About Anything-Yes, Anything!* Secaucus, NJ, Lyle Stuart, 1988a.

*Ellis, A., (conferenciante), *Unconditionally Accepting Yourself and Others,* grabación en casete, Nueva York, Institute for Rational-Emotive Therapy, 1988b.

*Ellis, A., «Comments on My Critics», en M. E. Bernard y R. DiGiuseppe (comps.), *Inside Rational-Emotive Therapy,* págs. 199-233, San Diego, CA, Academic Press, 1989a.

*Ellis, A., «The History of Cognition in Psychotherapy», en A. Freeman, K. M. Simon, L. E. Beutler y H. Aronowitz (comps.), *Comprehensive Handbook of Cognitive Therapy,* págs. 5-19, Nueva York, Plenum, 1989b.

**Ellis, A., (conferenciante), *Albert Ellis Live at the Learning Annex,* grabación en casete, Nueva York, Institute for Rational-Emotive Therapy, 1990a.

*Ellis, A., «My Life in Clinical Psychology», en C. E. Walker (comp.), *History of Clinical Psychology in Autobiography,* págs. 1-37, Homewood, IL, Dorsey, 1990b.

*Ellis, A., «Achieving Self-Actualization», *Journal of Social Behavior* *and Personality,* vol. 6, nº 5, págs. 1-18 (reimpr.: Nueva York, Institute for Rational-Emotive Therapy, 1993).

**Ellis, A., (conferenciante), *How to Get Along With Difficult People,* grabación en casete, Nueva York, Institute for Rational-Emotive Therapy, 1991b.

**Ellis, A., (conferenciante), *How to Refuse to Be Angry, Vindictive, and Unforgiving,* grabación en casete, Nueva York, Institute for Rational-Emotive Therapy, 1991c.

*Ellis, A., «The Revised ABCs of Rational-Emotive Therapy», en J. Zeig (comp.), *The Evolution of Psychotherapy: The Second Conference,* págs. 79-99, 1991d, Nueva York, Brunner/Mazel (versión extendida: *Journal of Rational-Emotive and Cognitive-Behavior Therapy),* 1991, nº 9, págs. 139-172.

**Ellis, A., *Self-Management Workbook: Strategies for Personal Success,* Nueva York, Institute for Rational-Emotive Therapy, 1991e.

*Ellis, A., «Using RET Effectively: Reflections and Interview», en M. E. Bernard (comp.), *Using Rational-Emotive Therapy Effectively,* págs. 1-33, Nueva York, Plenum, 1991f.

*Ellis, A., «Brief Therapy: The Rational-Emotive Method», en S. H. Budman, M. F. Hoyt y S. Fiedman (comps.), *The First Session in Brief Therapy,* págs. 36-58, Nueva York, Guilford, 1992a.

**Ellis, A., Prefacio de Paul Hauck, *Overcoming the Rating Game,* págs. 1-4, Louisville, KY, Westminster/John Knox, 1992b.

**Ellis, A., (conferenciante), *How to Age With Style,* grabación en casete, Nueva York, Institute for Rational-Emotive Therapy, 1992c.

*Ellis, A., «Group Rational-Emotive and Cognitive-Behavioral Therapy», International Journal of Group Psychotherapy, nº 42, págs. 63-80, 1992d.

*Ellis, A., «The Advantages and Disadvantages of Self-Help Therapy Materials», *Professional Psychology: Research and Practice,* nº 24, págs. 335-339, 1993a.

*Ellis, A., «Changing Rational-Emotive Therapy (RET) to Rational Emotive Behavior Therapy (REBT)», *Behavior Therapist,* nº 16, págs. 257-258, 1993b.

*Ellis, A., (conferenciante), *Coping With the Suicide of a Loved One,* videocasete, Nueva York, Institute for Rational-Emotive Therapy, 1993c.

*Ellis, A., «Fundamentals of Rational-Emotive Therapy for the 1990s», en W. Dryden y L. K. Hill (comps.), *Innovations in Rational-Emotive Therapy,* Newbury Park, CA, Sage Publications, 1993d, págs. 1-32.

*Ellis, A., «General Semantics and Rational-Emotive Behavior Therapy», *Bulletin of General Semantics,* n° 58, págs. 12-28, también en P. D. Johnston, D. D., Bourland Jr. y J. Klein (comps.), *More E-Prime,* Concord, CA, International Society for General Semantics, 1993e, págs. 213-210.

**Ellis, A., (conferenciante), *How to Be a Perfect Non-Perfectionist,* grabación en casete, Nueva York, Institute for Rational-Emotive Therapy, 1993f.

**Ellis, A., (conferenciante), *Living Fully and in Balance: This Isn't a Dress Rehearsal-This Is It!* grabación en casete, Nueva York, Institute for Rational-Emotive Therapy, 1993g.

*Ellis, A., «Rational Emotive Imagery: RET Version», en M. E. Bernard y J. L. Wolfe, (comps.), *The RET Source Book for Practitioners,* Nueva York, Institute for Rational-Emotive Therapy, págs. II8-II10, 1993h.

*Ellis, A., «The Rational-Emotive Therapy (RET) Approach to Marriage and Family Therapy», *Family Journal: Counseling and Therapy for Couples and Families,* n° 1, págs. 292-307, 1993i.

*Ellis, A., «Reflections on Rational-Emotive Therapy». *Journal of Consulting and Clinical Psychology,* n° 61, págs. 199-201, 1193j.

**Ellis, A., (conferenciante), *Releasing Your Creative Energy,* grabación en casete, Nueva York, Institute for Rational-Emotive Therapy, 1993k.

*Ellis, A., «Vigorous RET Disputing», en M. E. Bernard y J. L. Wolfe (comps.), *The RET Resource Book for Practitioners,* pág. II7, Nueva York, Institute for Rational-Emotive Therapy, 1993l.

*Ellis, A., «Rational Emotive Behavior Therapy Approaches to Obsessive-Compulsive Disorder (OCD)». *Journal of Rational-Emotive and Cognitive-Behavior Therapy,* n° 12, págs. 121-141, 1994a.

*Ellis, A., *Reason and Emotion in Psychoterapy,* revisada y actualizada, Nueva York, Birch Lane Press, 1194b (trad. cast.: *Razón y emoción en psicoterapia,* Bilbao, Desclée de Brouwer, 1994).

*Ellis, A., «The Treatment of Borderline Personalities With Rational-Emotive Behavior Therapy», *Journal of Rational-Emotive and Cognitive-Behavior Therapy,* n° 12, págs. 101-119, 1194c.

*Ellis, A., «Rational-Emotive Behavior Therapy», en R. Corsini y D. Wedding (comps.), *Current Psychotherapies,* págs. 162-196, Itasca, IL, Peacock, 1995.

**Ellis, A., *REBT Diminishes Much of the Human Ego,* Nueva York, Albert Ellis Institute, 1996a.

**Ellis, A., «Responses to Criticisms of Rational Emotive Behavior Therapy (REBT)», *Journal of Rational and Cognitive Behavior Therapy,* n° 14, págs. 97-121, 1996b.

**Ellis, A., «Transcript of Demonstration Session II», en W. Dryden, *Learning From Demostration Sessions,* págs. 91-117, Londres, Whurr, 1996c.

**Ellis, A. y Abrams, M., *How to Cope With a Fatal Illnes,* Nueva York, Barricade Books, 1994.

**Ellis, A., Abrams, M. y Dengelegi, L., *The Art and Science of Rational Eating,* Nueva York, Barricade Books, 1992.

**Ellis, A. y Becker, I., *A Guide to Personal Happiness,* North Hollywood, CA, Wilshire Books, 1982 (trad. cast.: *Guía para la felicidad personal,* Bilbao, Deusto, 1990).

*Ellis, A. y Bernard, M. E. (comps.), *Clinical Applications of Rational-Emotive Therapy,* Nueva York, Plenum, 1985.

*Ellis, A. y DiGiuseppe, R. (conferenciante), *Dealing with Addictions,* videocasete, Nueva York, Institute for Rational-Emotive Therapy, 1994.

**Ellis, A. y DiMattia, D., *Self-Management: Strategies for Personal Success,* Nueva York, Institute for Rational-Emotive Therapy, 1991.

*Ellis, A. y Dryden, W., *The Essential Albert Ellis,* Nueva York, Springer, 1990.

*Ellis, A. y Dryden, W., *A Dialogue With Albert Ellis: Against Dogma,* Philadelphia, Open University Press, 1991.

*Ellis, A., *The Practice of Rational Emotive Behavior Therapy,* Nueva York, Springer, 1997 (trad. cast.: *Práctica de la terapia racional-emotiva,* Bilbao, Desclée de Brouwer, 1994).

Ellis, A., Gordon, J., Neenan, M. y Palmer, S., *Stress Counseling: A Rational-Emotive Behavior Approach,* Londres, Cassell, Nueva York, Springer, 1997.

*Ellis, A. y Grieger, R. (comps.), *Handbook of Rational-Emotive Therapy,* vol. 2, Nueva York, Springer, 1986 (trad. cast.: *Manual de terapia racional emotiva,* Bilbao, Desclée de Brouwer, 1994).

**Ellis, A. y Harper, R. A., *A Guide to Successful Marriage,* Norht Hollywood, CA, Wilshire Books, 1961.

**Ellis, A. y Harper, R. A., *A Guide to Rational Living,* 3ª ed. revisada, North Hollywood, CA, Wilshire Books, 1997.

**Ellis, A. y Knaus, W., *Overcoming Procrastination,* Nueva York, New American Library, 1977.

**Ellis, A. y Lange, A., *How to Keep People From Pushing Your Buttons,* Nueva York, Carol Publishing, 1994 (trad. cast.: *¡Basta ya!: enfréntese con éxito a las presiones de los demás,* Barcelona, Grijaldo, 1995).

201

*Ellis, A. y Robb, H., «Acceptance in Rational-Emotive Therapy», en S. C. Hayes, N. S. Jacobson, V. M. Follette y M. J. Dougher (comps.), *Acceptance and Change: Content and Context in Psychotherapy,* Reno, NV, Context Press, 1994, págs. 91-102.

*Ellis, A., Sichel, J., Leaf, R. C. y Mass, R., «Countering Perfectionism in Research on Clinical Practice, I: Surveying Rationality Changes After a Single Intensive RET Intervention», *Journal of Rational-Emotive and Cognitive-Behavior Therapy,* n° 7, págs. 197-218, 1996b.

*Ellis, A., Sichel, J. L., Yeager, R. J., DiMattia, D. J. y DiGiuseppe, R. A., *Rational-Emotive Couples Therapy,* Needham, MA, Allyn and Bacon, 1989.

**Ellis, A. y Velten, E., *When AA Doesn't Work for You: Rational Steps for Quitting Alcohol,* Nueva York, Barricade Books, 1992.

**Engels, G. I., Garnefski, N. y Diekstra, R. F. W., «Efficacy of Rational-Emotive Therapy: A Quantitative Analysis», *Journal of Consulting and Clinical Psyhology,* n° 61, págs. 1.083-1.090, 1993.

**Epicteto, *The Collected Works of Epictetus.* Boston, Little, Brown, 1890.

**Epicuro, *Letter on Happiness,* San Francisco, Chronicle Books, 1994 (trad. cast.: *Sobre la felicidad,* Barcelona, Edicions 62, 1995).

**Epstein, S., *You're Smarter Than You Think,* Nueva York, Simon & Schuster, 1993.

Erikson, Erick, *Gandhi's Truth,* Nueva York, Norton, 1969.

**Fensterheim, H. y Baer J., *Don't Say Yes When You Want to Say No,* Nueva York, Dell, 1975 (trad. cast.: *No diga sí cuando quiera decir no,* Barcelona, Grijaldo, 1997).

*FitzMaurice, K., *Introducing the 12 Steps of Emotional Disturbances,* Omaha, NE, K. FitzMaurice, 1994.

**Foa, E. B. y Wilson, R., *Stop Obsessing: How to Overcome Your Obsessions and Compulsions,* Nueva York, Bantam, 1991 (trad. cast.: *Venza sus obsesiones,* Teià, Robinbook, 1992).

*Frank, J. D. y Frank, J. B., *Persuasion and Healing,* Baltimore, MD, Johns Hopkins University Press, 1991.

*Frankl, V., *Man's Search for Meaning,* Nueva York, Pocket Books, 1959 (trad. cast.: *El hombre en busca de sentido,* Barcelona, Herder, 1998).

**Franklin, R., *Overcoming the Myth of Self-Worth,* Appleton, WI, Focus Press, 1993.

**Freeman, A. y DeWolfe, R., *The Ten Dumbest Mistakes Smart People Make and How to Avoid Them,* Nueva York, Harper Perennial, 1993 (trad. cast.: *Basta de lamentaciones,* Barcelona, Paidós, 1991).

**Froggatt, W., *Choose to Be Happy*, Nueva Zealand, Harper-Collins, 1993.

*Fromm, E., *The Anatomy of Human Destructiveness*, Greenwich, CT, Fawcett, 1974 (trad. cast.: *Anatomía de la destructividad humana*, Madrid, siglo XX de España, 1987).

*Gandy, G. L., *Mental Health Rehabilitation: Disputing Irrational Beliefs*, Springfield, IL, Thomas, 1995.

Geen, R. y Stoner, D., «The Facilitation of Aggression: Evidence Against the Catharsis Hypothesis», *Journal of Personal and Social Psychology*, n° 31, págs. 721-726, 1975.

*Goldfried, M. R. y Davison, G. C., *Clinical Behavior Therapy*, 3ª ed., Nueva York, Holt Rinehart & Winston, 1994.

*Grieger, R. M., «From a Linear to a Contextual Model of the ABCs of RET», en W. Dryden y P. Trower (comps.), *Developments in Cognitive Pshychotherapy*, págs. 71-105, Londres, Sage, 1988.

**Grieger, R. M. y Woods, P. J., *The Rational-Emotive Therapy Companion*, Roanoke, VA, Scholars Press, 1993.

*Guidano, V. F., *The Self in Progress*, Nueva York, Guilford, 1991 (trad. cast.: *El sí mismo en proceso*, Barcelona, Paidós, 1993).

*Haaga, D. A. y Davison, G. C., «Outcome Studies of Rational-Emotive Therapy», en M. E. Bernard y R. DiGiuseppe (comps.), *Inside Rational-Emotive Therapy*, págs. 155-197, San Diego, CA, Academic Press, 1989.

*Hazjler, D. y Bernard, M. E., «A Review of Rational-Emotive Outcome Studies», *School Psychology Quarterly*, vol. 6, n° 1, págs. 27-49, 1991.

*Haley, J., *Problem Solving Therapy*, San Francisco, Jossey-Bass, 1990.

**Hauck, P. A., *Overcoming Depression*, Filadelfia, Westminster, 1973.

**Hauck, P. A., *Overcoming Frustration and Anger*, Filadelfia, Westminster, 1974.

**Hauck, P. A., *Marriage Is a Loving Business*, Filadelfia, Westminster, 1977.

**Hauck, P. A., *Overcoming the Rating Game: Beyond Self-Love-Beyond Self-Esteem*, Louisville, KY, Westminster/John Knox, 1991.

Helmers, K. F., Posluszny, D. M. y Krantz, D. S., «Association of Hostility and Coronary Artery Disease: A Review of Studies», en A. W. Siegman y T. W. Smith (comps.), *Anger, Hostility and the Heart*, págs. 67-96, Hillsdale, NJ, Lawrence Erlbaum Associates, 1994.

Hold, A. citado en A. Ellis y J. Gullo, *Murder and Assassination*, págs. 355-356, Nueva York, Lyle Stuart.

*Hollon, S. D. y Beck, A. T., «Cognitive and Cognitive/Behavioral Therapies», en A. E. Bergin y S. L. Garfield (comps.), *Handbook of Psychotherapy and Behavior Change*, págs. 428-446, Nueva York, Wiley, 1994.

*Huber, C. H. y Baruth, L. G., *Rational-Emotive and Systems Family Therapy*, Nueva York, Springer, 1989 (trad. cast.: *Terapia familiar racional-emotiva*, Barcelona, Herder, 1991).

*Jacobson, N. S., «Behavioral Couple Therapy: A New Beginning», *Behavior Therapy*, n° 24, págs. 491-506, 1992.

Jehoda, M., «What Is Prejudice?», *World Mental Health*, n° 13, págs. 38-45, 1961.

*Johnson, W., *People in Quandaries*, Nueva York, Harper & Row, 1946.

*Johnson, W. R., *So Desperate the Fight*, Nueva York, Institute for Rational-Emotive Therapy, 1981.

Kabit-Zinn, J., *Wherever You Go There You Are*, Nueva York, Hyperion, 1994.

*Kanfer, F. H. y Schefft, B. K., *Guiding the Process of Therapeutic Change*, Nueva York, Pergamon, 1988 (trad. cast.: *Cómo ayudar al cambio en psicoterapia*, Bilbao, Desclee de Brower, 1987).

*Kassinove, H., (comp.), *Anger Disorders: Definition, Diagnosis, and Treatment*, Washington, DC, Taylor & Francis, 1995.

Kassinove, H., Sukhodolsky, D., Tsytsarev, S. y Solovyova, S., «Self-Reported Anger Episodes in Russia and America», *Journal of Social Behavior and Personality*, vol. 12, n° 1, 1997.

*Kelly, G., *The Psychology of Personal Constructs*, 2 vol., Nueva York., Norton, 1955.

King, M. L., «Nonviolence: The Only Road to Freedom», *Ebony*, págs. 27-34, octubre 1966.

*Knaus, W., *Rational-Emotive Education*, Nueva York, Institute for Rational-Emotive Therapy, 1974.

Knaus, W., *Smart Recovery: A Sensible Primer*, Longmeadow, MA, W. Knaus, 1995.

*Kopec, A. M., Beal, D. y DiGiuseppe, R., «Training in RET: Disputational Strategies», *Journal of Rational-Emotive and Cognitive-Behavior Therapy*, n° 12, págs. 47-60, 1994.

*Korzybski, A., *Science and Sanity*, San Francisco, International Society of General Semantics, 1933.

*Kwee, M. G. T., «Psychotherapy and the Practice of General Semantics», *Methodology and Science*, n° 15, págs. 236-256, 1982.

*Kwee, M. G. T. *Psychotherapy, Meditation, and Health: A Cognitive Behavioral Perspective*. Londres: East/West Publication.

*Lange, A. y Jakubowski, P., *Responsible Assertive Behavior,* Champaign, IL, Research Press, 1976.

*Lazarus, A. A., «Toward an Egoless State of Being», en A. Ellis y R. Grieger, (comps.), *Handbook of Rational-Emotive Therapy,* vol. 1, págs. 113-116, Nueva York, Springer.

**Lazarus, A. A., *Marital Myths,* San Luis Obispo, CA, Impact, 1985.

*Lazarus, A. A., *The Practice of Multimodal Therapy.* Baltimore, MD, Johns Hopkins, 1989.

**Lazarus, A. A. y Fay, A., *I Can If I Want To,* Nueva York, Morrow, 1975.

**Lazarus, A. A., Lazarus, C., y Fay, A., *Don't Believe It for a Minute: Forty Toxic Ideas That Are Driving You Crazy,* San Luis Obispo, CA, Impact Publishers, 1993.

*Lazarus, R. S. y Folkman, S., *Stress, Appraisal, and Coping,* Nueva York, Springer, 1984 (trad. cast.: *Estrés y procesos cognitivos,* Barcelona, Martínez Roca, 1986).

**Lewinsohn, P., Antonuccio, D., Breckenridge, J. y Teri, L, *The «Coping With Depression Course»,* Eugene, OR, Castalia, 1984.

Lewis, W. A. y Butcher, A. M., «Anger, Catharsis, the Reformulated Frustration-Aggression Hypothesis, and Health Consequences», *Psychotherapy,* vol. 23, n° 3, págs. 385-392, 1992.

*Lipsey, M. W. y Wilson, D. B., «The Efficacy of Psychological, Educational, and Behavior Treatment: Confirmation from Meta-Analysis», *American Psychologist,* n° 48, págs. 1.181-1.209, 1993.

**London, T., *REBT Questions: A Study Guide to the General/Clinical Theory, Philoso-*
phy, and Techniques of Rational Emotive Behavior Therapy, Chicago, Garfield Press, 1995.

**Low, A. A., *Mental Health Through Will Training,* Boston, Christopher, 1952.

*Lyons, L. C. y Woods, P. J., «The Efficacy of Rational-Emotive Therapy: A Quantitative Review of the Outcome Research», *Clinical Psychology Review,* n° 11, págs. 357-369, 1991.

*Mace, D., «Marital Intimacy and the Deadly Lover Cycle», *Journal of Marriage and Family Counseling,* n° 2, págs. 131-137, 1976.

Mahoney, M. J., *Human Change Processes,* Nueva York, Basic Book, 1991.

Mahoney, M. J. (comp.), *Cognitive and Constructive Psychotherapies: Theory, Research and Practice,* Nueva York, Springer, 1995 (trad. cast.: *Psicoterapias cognitivas y constructivistas,* Bilbao, Desclée de Brouwer, 1997).

**Marco Aurelio, *Meditations,* Boston, Litlle, Brown, 1890 (trad.: *Meditaciones,* Madrid, Gredos, 1994).

*Maultsby, M. C., Jr., *Rational Behavior Therapy*, Englewood Cliffs, NJ, Prentice-Hall.

McCall, M. W. y Lombardo, M. M., *Off the Track: Why and How Successful Executives Get Derailed*, (Informe técnico n° 21), Greensboro, NC, Center for Creative Leadership, 1983.

*McGovern, T. E. y Silverman, M. S., «A Review of Outcome Studies of Rational-Emotive Therapy From 1977 to 1982», *Journal of Rational-Emotive Therapy*, vol. 2, n° 1, págs. 7-18, 1984.

**McKay, G. D. y Dinkmeyer, D., *How You Feel Is Up to You*, San Luis Obispo, CA, Impact Publishers, 1994.

*McMullin, R., *Handbook of Cognitive Therapy Techniques*, Nueva York, Norton, 1986.

*Meichenbaum, D., *Cognitive-Behavior Modification*, Nueva York, Plenum, 1977.

**Miller, T., *The Unfair Advantage*, Manlius, NY, Horsesense, 1986.

**Mills, D., *Overcoming Self-Esteem*, Nueva York, Institute for Rational-Emotive Therapy, 1993.

*Muran, J. C., «A Reformulation of the ABC Model in Cognitive Psychotherapies: Implications for Assessment and Treatment», *Clinical Psychology Review*, n° 11 págs. 399-418, 1991.

**Nottingham, E., *It's Not as Bad as It Seems: A Thinking Approach to Happiness*, Memphis, TN, Castle Books, 1992.

*Novaco, R. W., *Psychological Treatment of Anger and Aggression: Successful Achievement and Refractory Impediments*, Artículo presentado en el encuentro anual de la American Psychological Association, Los Angeles, CA, agosto 1994.

Novello, A., Shosky, S. y Froehlke, R., «From the Surgeon General U. S. Public Health Service: A Medical Response to Violence», *Journal of the American Medical Association*, vol. 267, n° 22, pág. 3.007, 1992.

**Nye, B, *Understanding and Managing Your Anger and Aggression*, Federal Way, WA, BCA Publiching, 1993.

Olsen, K., *The Art of Hanging Loose*, Greenwich, CT, Fawcett, 1975.

*Palmer, S. y Dryden, W., *Stress Management and Counseling*, Londres y Nueva York, Cassell, 1996.

*Palmer, S., Dryden, W., Ellis, A. y Yapp, R., *Rational Interviews*. Londres, Centre for Rational Emotive Behavior Therapy, 1995.

*Palmer, S. y Ellis, A., «In the Counselor's chair», *The Rational Emotive Therapist*, vol. 2, n° 1, págs. 6-15, 1994, en *Counseling Journal*, n° 4, págs. 171-174, 1993.

Peters. H., «The Education of the Emotions», en M. Arnold (comp.), *Feelings and Emotions,* Nueva York, Academic Press, págs. 187-203, 1970.

*Phadke, K. M., «Some Innovations in RET Theory and Practice», *Rational Living,* vol. 17, n° 2, págs. 25-30, 1982.

*Pietsch, W. V., *The Serenity Prayer,* San Francisco, Harper San Francisco, 1993.

*Prochaska, J. O., DiClemente, C. C. y Norcross, J. C., «In Search of How People Change: Applications to Addictive Behaviors», *American Psychologist,* n°, 47, págs. 1.102-1.114, 1992.

**Robin, M. W. y Balter, R., *Performance Anxiety,* Holbrook, MA, Adams, 1995.

*Rorer, L. G., «Rational-Emotive Theory: I. An Integrated Psychological and Philosophic Basis. II. Explication and Evaluation», *Cognitive Therapy and Research,* n° 13, págs. 475-492, 531-548, 1989.

Rothenberg, A., «On Anger», *American Journal of Psychiatry,* n° 128, págs. 454-460, 1971.

**Russell, B., *The Conquest of Happiness,* Nueva York, New American Library, 1950.

Sapolsky, R. M., *Why Zebras Don't Get Ulcers: A Guide to Stress, Stress-Related Diseases and Coping,* Nueva York, W. H. Freeman and Company, 1994 (trad. cast.: *¿Por qué las cebras no tienen úlceras?: La guía del estrés,* Madrid, Alianza, 1995).

**Sarmiento, R. F., *Reality Check: Twenty Questions to Screw Your Head on Straight.* Houston, TX, Bunker Hill Press, 1993.

**Seligman, M. E. P., *Learned Optimism,* Nueva York, Knopf, 1991.

**Seligman, M. E. P., with Revich, K., Jaycox, L., y Gillham, J., *The Optimistic Child,* Nueva York, Houghton Mifflin, 1995.

Seneca, L. A., «On Anger», (trad. cast.: *De la cólera,* Madrid, Alianza, 1996), en J. W. Basore, (trad. ingl.), *Moral Essays,* Cambridge, MA, Harvard University Press, 1963.

**Sichel, J. y Ellis, A., *REBT Self-Help Form,* Nueva York, Institute for Rational-Emotive Therapy, 1984.

Siegman, A. W., «Cardiovascular Consequences of Expressing and Repressing Anger», en A. Siegman y T. Smith (comps.), Anger, Hostility, and the Heart, Hillsdale, NJ, Lawrence Erlbaum Associates, 1994.

Índice analítico y nombres

214